Piltz

Steuergesetzgebung

STEUER-
GESETZGEBUNG

Ein Kampf ums Recht

von

Prof. Dr. Detlev J. Piltz

Rechtsanwalt und Fachanwalt für Steuerrecht in Bonn
Honorarprofessor der Universität Mannheim

2023

www.beck.de

ISBN 978 3 406 80212 6

Wilhelmstraße 9, 80801 München
Druck und Bindung: Friedrich Pustet GmbH & Co. KG
Gutenbergstraße 8, 93051 Regensburg
Satz: Fotosatz Buck
Zweikirchener Str. 7, 84036 Kumhausen
Umschlaggestaltung: X-Design, München (www.x-designnet.de)
Umschlagabbildung: shutterstock_1383681005 MJgraphics
Foto Umschlagklappe: © Privat

Gedruckt auf säurefreiem, alterungsbeständigem Papier
(hergestellt aus chlorfrei gebleichtem Zellstoff)

Vorwort

„Von der Parteien Gunst und Hass verwirrt
schwankt sein Charakterbild in der Geschichte."

schrieb Friedrich Schiller über Albrecht von Wallenstein. So geht es auch dem deutschen Steuerrecht. Diejenigen, die es vorfinden und anwenden, haben wenig Gutes zu vermelden. „Unverständlich, chaotisch, Dschungel, ungerecht, unfair" sind die ihm zugeschriebenen Attribute. Wogegen die, die es „machen", es für „zeitgemäß, wettbewerbsfähig, gerecht, ausgewogen, angemessen" halten, das jedenfalls versprechen, und den „Sachzwang" anführen, wenn die Realität davon abweicht. Das Bundesfinanzministerium stellt in seinem Monatsbericht vom Juli 2022 fest: „Deutschland verfügt insgesamt über ein leistungsgerechtes und faires Steuersystem."

Wie kommt es zu diesen unterschiedlichen Urteilen? Die Antwort resultiert aus der Art und Weise, wie Steuerrecht entsteht. Wenn es um Gesetzgebung geht, schauen Juristen in das Grundgesetz, in dessen Art. 76 bis 82 geregelt ist, wie ein Gesetz entsteht. Das ist richtig, aber unvollständig. Denn das Grundgesetz regelt nur das Verfahren, in dem „aus einem Haufen Wörter" ein Gesetz wird, also ein Befehl, dem alle Adressaten gehorchen müssen, gibt gewissermaßen den offiziellen „Stempel". Das Grundgesetz verhält sich nicht zum Inhalt des Gesetzes und auch nicht dazu, wie dieser Inhalt zustande kommt. Das gilt auch für die Steuergesetze. Sie legen fest, wer wieviel Steuern zahlen muss.

Welche Menschen entscheiden über den Inhalt des Gesetzes? Wer hat die Idee für eine bestimmte steuerliche Regelung? Wer bestimmt, was in dem Entwurf steht? Welche Interessen hat er? Welche Instrumente und Argumente setzt er ein? Wer formuliert den Text? Kenner wissen, dass mit der Einbringung des Gesetzes in den Bundestag (fast) alles wichtige schon gelaufen ist. Kann nach der Einbringung noch Einfluss genommen werden? Allgemein: Wie läuft die steuerpolitische Willensbildung ab? Es geht um den vorparlamentarischen und außerparlamentarischen Raum der Steuergesetzgebung. Er ist der Nervus Rerum der Steuergesetzgebung, wird aber im Verhältnis zum technischen Verfahren der Gesetzgebung im Schrifttum relativ spärlich behandelt. Deshalb ist ihm dieses Buch gewidmet.

Bonn, im Dezember 2022 *Detlev J. Piltz*

Inhaltsübersicht

Vorwort 5

1. Die Lücke 13

2. Der Kampf ums Recht 19

3. Der Kampf ums Steuerrecht 25

4. Das grundgesetzliche Verfahren 39

5. Der Gesetzesinhalt 47

6. Die Akteure der Gesetzgebung 61

7. Die Interessen der Akteure 113

8. Die Instrumente der Akteure 129

9. Die Argumente der Akteure 157

10. Die Eigenheit der Steuerrechtsentstehung 175

11. Und wer gewinnt? 191

Dank 205

Inhaltsverzeichnis

Vorwort 5

1. Die Lücke 13

2. Der Kampf ums Recht 19

3. Der Kampf ums Steuerrecht 25
   a) Konsens vs. Kampf 27
   b) Die Historie 30
   c) Die Grundkonstellation 33
   d) Die Außenseite und die Innenseite 38

4. Das grundgesetzliche Verfahren 39

5. Der Gesetzesinhalt 47
   a) Die Insider 50
   b) Der vor- und außerparlamentarische Raum 55

6. Die Akteure der Gesetzgebung 61
   a) Der Staat 63
   Politische Parteien. Bundesregierung. Bundesministerien. Bundesministerium der Finanzen. Bundestag. Fraktionen. Finanzausschuss des Bundestages. Rechtsausschuss. Ausschuss Wirtschaft und Energie. Petitionsausschuss. Bundesrat. Finanzausschuss des

Bundesrates. Opposition. Vermittlungsausschuss. Bundespräsident. Länderregierungen. Ministerpräsidentenkonferenz. Finanzministerkonferenz. Gemeinden. Nationaler Normenkontrollrat. „Informelle". Steuerreformkommissionen. Politiker. Ministerialbürokratie. Individuelle Funktionsträger.

b) Die Steuerpflichtigen 82
„Das Volk". Die Verbände der Wirtschaft und freien Berufe. Nahestehende Institutionen. Gewerkschaften. Nahestehende Institutionen. Rechtsanwaltssozietäten. „Einzelkämpfer". Die Reichen und Mächtigen.

c) Die Unabhängigen 89
Europäische Union. G7. G20. UN. OECD. Bundesverfassungsgericht. Europäischer Gerichtshof. Bundesfinanzhof. Nichtregierungsorganisationen. Kirchen. Medien. Wissenschaft.

7. Die Interessen der Akteure 113

a) Die Interessen des Staates 115
Der Staat als Ganzes. Politische Parteien. Politiker. Ministerialbürokratie. Ein Beispiel.

b) Die Interessen der Steuerpflichtigen 124

8. Die Instrumente der Akteure 129

a) Die Instrumente des Staates 131
Der Staat als Ganzes. Politische Parteien. Politiker. Politische Sprache.

b) Die Instrumente der Steuerpflichtigen 141
Rechtsrahmen. „Die Speisekarte". Professoren-Gutachten. Ex-Richter-Gutachten. Einzelgespräch mit Entscheidern. Zeitungen. „Brandbrief". Der Werkzeugkasten. Zwei Beispiele.

9. Die Argumente der Akteure 157
a) Die Argumente des Staates 159
Politische Parteien. Bundesregierung. Politiker. Insbesondere Steuervermeidung, Steuerumgehung, Steuerhinterziehung.
b) Die Argumente der Steuerpflichtigen 169

10. Die Eigenheit der Steuerrechtsentstehung 175

11. Und wer gewinnt? 191
a) „Demokratisches Steuerrecht“ 193
b) Die Entwicklung bis 1990 196
c) Die Entwicklung ab 1990 198
d) Der gegenwärtige Stand 200

Dank 205

1.

Die Lücke

„Die Bedeutung bestimmter Phänomene in der Realität ist umgekehrt proportional zur Beschäftigung der Wissenschaft mit diesen Phänomenen." ist eine Erkenntnis, die der Harvard-Professor *Ted Levitt* einmal im Hinblick auf die Betriebswirtschaftslehre geäußert hat. Das gleiche könnte man für die Steuerrechtswissenschaft in Deutschland konstatieren. Die Wissenschaft sah ihre Aufgabe lange darin, das geltende Steuerrecht auszulegen, zu analysieren und zu kommentieren. In ihr gab es ein großes unbeschriebenes Blatt, nämlich die Steuergesetzgebung. Das ist besonders verwunderlich, weil die Steuerrechtswissenschaft in ihrer Analyse und ihrem Tadel des aus der Gesetzgebung resultierenden Steuerrechts nicht milde ist. Die Steuerrechtswissenschaftler haben das durchaus erkannt:

> Die Vernachlässigung der politischen Voraussetzungen von Steuergesetzgebung angesichts einer Dominanz inhaltlicher Vorschläge für Reformen stellt ein Desiderat der Steuerrechtsforschung dar. Die deutsche Steuerrechtswissenschaft hat es wegen einer Überkritik an den Steuergesetzen selbst im Grunde bisher nicht wirklich geschafft, auf den Erkenntnisstand der Bedingungen parlamentarischer Gesetzgebung zu gelangen.[1]

Das ist eine durchgängige Feststellung von Steuerrechtswissenschaftlern wie von Praktikern.[2] Die „politischen Voraussetzungen von Steuergesetzgebung" sind nicht geheim. Aber sie „stehen nicht im Gesetz". Juristen haben eine natürliche Vorliebe, die Antworten

[1] *Waldhoff*, Herausforderungen des Verfassungsstaats durch die Digitalisierung, DStJG Bd. 42, Digitalisierung im Steuerrecht (2019) S. 67.

[2] Z. B. *Schön*, Grenzüberschreitungen der Steuerrechtswissenschaft, StuW 2018 S. 213; *Hey*, Steuergesetzgebungslehre, StuW 2019 S. 3; *Piltz*, Voraussetzungen für das Gelingen einer Steuerreform – Ursachen des Scheiterns bisheriger Reformüberlegungen, DStJG Bd. 37 (2014) S. 405.

auf Fragen im Gesetz zu suchen. Was die Gesetzgebung betrifft, werden sie dort aber nur fündig im Hinblick auf die technische Gesetzesentstehung, wie sie in Art. 76ff. GG vorgeschrieben ist. Dort wird geregelt, in welchem technischen Verfahren bestimmte Inhalte Gesetzeskraft erhalten, also ab dem Inkrafttreten einen Befehl darstellen, dem die mit dem Gesetz Angesprochenen gehorchen müssen. Im Grundgesetz nicht geregelt ist, mit welchem Inhalt das Gesetz zustande kommt. Bezogen auf das Steuerrecht: Wer zahlt wie viel Steuern? Die Entscheidung darüber fällt außerhalb des rechtstechnischen Gesetzesentstehungsverfahrens in politischen Parteien, in Koalitionsabsprachen, in der Ministerialbürokratie, in der Europäischen Union, im Bundesverfassungsgericht, allgemein im sog. vorparlamentarischen und außerparlamentarischen Raum.

Die Rechtswissenschaft hat sich bisher vornehmlich drei Aspekten der Steuergesetzgebung gewidmet: Erstens dem Verfahren der Entstehung eines Gesetzes gem. Art. 76ff. GG. Zweitens den Anforderungen an ein „gutes" Gesetz. Drittens hat speziell die Steuerrechtswissenschaft umfänglich den verfassungsrechtlichen Rahmen der Steuergesetzgebung ausgelotet. Sie hat sich aber bisher nicht zentral den Realitäten der Inhaltsbestimmung der Steuergesetze gewidmet.[3] Es geht hier um Antworten auf die Fragen:

Wer sind die Akteure der Steuergesetzgebung, wer entscheidet über den Gesetzesinhalt?

Welche Interessen haben die Akteure?

Welche Instrumente setzen die Akteure ein?

Welche Argumente tragen die Akteure vor?

---

[3] Eine Ausnahme hiervon machen Teile des Werkes von *Klaus Tipke*, die aber keinen Startschuss für weitergehende Analysen in dieser Richtung gegeben haben. Selbstverständlich haben auch zahlreiche andere Wissenschaftler auf die Realitäten der Steuergesetzgebung außerhalb des Grundgesetz-Gesetzgebungsverfahrens Bezug genommen, aber gewöhnlich als Grundlage für die Kritik an bestimmten Steuergesetzgebungsergebnissen, nicht als zentralen Forschungsgegenstand.

Was sind die Eigenheiten der Steuerrechtsentstehung?

Diese Arbeit bezieht sich häufig auf die Gesetzgebung zur Erbschaftsteuer. Die Erbschaftsteuer ist in hervorgehobener Weise seit jeher Gegenstand harter und härtester gesellschaftlicher und politischer Auseinandersetzungen, zuletzt bei den Reformen zum ErbStG 2009 und zum ErbStG 2016. Dass die Steuergesetzgebung (nicht immer, aber auch) ein Kampf ums Recht ist, wie es im Untertitel dieses Buches heißt, kommt in der Genese der Erbschaftsteuer besonders deutlich zum Ausdruck.

2.

Der Kampf ums Recht

Es kommt eher selten vor, dass ein juristischer Vortrag weltberühmt wird. Der von *Rudolf Ihering* (damals noch ohne „von") am 11. März 1872 in Wien unter dem Titel „Der Kampf ums Recht" gehaltene Vortrag wurde es – international in über 50 Übersetzungen. *Ihering* behandelt dort zwei Komplexe: Wie setzt jemand sein (subjektives) Recht durch? Und: Wie entsteht (objektives) Recht im Sinne von Rechtsnormen/Gesetzen und wie ändert es sich? Letztere Frage war natürlich auch damals schon nicht neu, und auch nicht die von *Ihering* gefundene Antwort, wohl aber die Entschiedenheit und Deutlichkeit seiner Antwort im Gegensatz zu der damals herrschenden Meinung. Die damals herrschende *Savigny-Puchta*'sche Theorie von der Entstehung des Rechts beschreibt *Ihering* wie folgt:

> Ihr zufolge geht die Bildung des Rechts ganz so schmerzlos vor sich, wie die der Sprache oder der Kunst, es bedarf keines Ringens, Kämpfens, ja nicht einmal des Suchens, sondern es ist die still wirkende Kraft der Wahrheit, welche ohne gewaltsame Anstrengung langsam, aber sicher sich Bahnen bricht, die Macht der Überzeugung, der sich allmählig die Gemüther erschließen, und der sie durch ihr Handeln Ausdruck geben – ein neuer Rechtssatz tritt ebenso mühelos ins Dasein, wie irgendeine Regel der Sprache.

Ihering leugnet nicht, dass es so etwas gibt. In Deutschland fallen dazu die Rechtsentwicklung durch Rechtsprechung ein, z.B. zur Mitunternehmerbesteuerung gem. § 15 EStG, in England das Case law. Aber das war für *Ihering* nicht der Schwerpunkt. Das war vielmehr die Bildung des Rechts durch Gesetzgebung. Und hier liegen die Dinge diametral anders. Ein Gesetz ist das Ergebnis eines Kampfes von Menschen mit widerstreitenden Interessen, erkennt *Ihering*:

Alles Recht in der Welt ist erstritten worden, jeder Rechtssatz, der da gilt, hat erst denen, die sich ihm widersetzten, abgerungen werden müssen.

In dem Kampf ums Recht versucht jeder, seine bisherige Position aufrecht zu erhalten (modern: Besitzstanderhaltung) und sie womöglich zu verbessern. *Ihering* fährt fort:

Mit dem bestehenden Recht haben sich im Laufe der Zeit die Interessen von tausenden von Individuen und ganzer Stände in einer Weise verbunden, dass das selbe sich nicht beseitigen lässt, ohne letztere in empfindlichster Weise zu gefährden – den Rechtssatz oder die Einrichtung aufheben wollen, heißt allen diesen Interessen den Krieg erklären, einen Polypen losreißen, der sich mit tausend Armen festgeklammert hält. Jeder solche Versuch ruft also in naturgemäßer Bethätigung des Selbsterhaltungstriebs den heftigsten Widerstand der bedrohten Interessen und damit einen Kampf hervor, bei dem wie bei jedem Kampfe nicht das Gewicht der Gründe, sondern das Machtverhältnis der sich gegenüberstehenden Kräfte den Ausschlag gibt …

In allen solchen Fällen nun, wo das bestehende Recht diesen Rückhalt am Interesse findet, ist es ein Kampf, den das Neue zu bestehen hat, um sich den Eingang zu erzwingen. Ein Kampf, der sich oft über ein ganzes Jahrhundert hinzieht. Den höchsten Grad der Intensivität erreicht derselbe dann, wenn die Interessen die Gestalt erworbener Rechte angenommen haben. Hier stehen sich zwei Partheien gegenüber, von denen jede die Heiligkeit des Rechts in ihrem Panier führt, die eine die des historischen Rechts, des Rechts der Vergangenheit, die andere die des ewig werdenden und sich verjüngenden Rechts, des ewigen Urrechts der Menschheit auf das Werden.

Alle großen Errungenschaften, welche die Geschichte des Rechts zu registrieren hat: Die Aufhebung der Sklaverei, der Leibeigenschaft, der Freiheit des Grundeigenthums, der Gewerbe-, der Glaubensfreiheit usw. haben auf diesem Wege des heftigstens, oft jahrhundertelang fortgesetzten Kampfes gewonnen werden müssen; nicht selten bezeichnen Ströme Bluts, überall aber zertretene Rechte den Weg, den das Recht dabei zurückgelegt hat.

Iherings Ausdrucksweise war nicht nur im Titel seines Vortrags, sondern auch im Text durchaus kampfbetont und kampfeslustig, wie sich im Vorstehenden andeutet. Vielleicht wirkte da noch der deutsch-französische Krieg von 1870/71 nach, der erst ein gutes Jahr vor dem Vortrag zu Ende gegangen war. Deswegen ist auch in diesem Buch manchmal von Fronten die Rede, die unter Beschuss geraten, oder erfolgreichen oder erfolglosen Abwehrkämpfen, Schlachtfeldern, Kombattanten und Waffen.

Iherings Fazit war, dass Recht und Gesetze keineswegs nur, aber auch und im Falle der Gesetzgebung ganz überwiegend das Ergebnis eines Kampfes zwischen verschiedenen Interessen sind. Das ist heutzutage nicht anders, in der Formulierung milder, aber in der Sache gleich. Ein Rechtssoziologe formuliert:

> Recht entsteht in Abhängigkeit von Interessen und Ideen, unter Beteiligung von formell zuständigen Instanzen und von formell unzuständigen Kräften, verläuft teils in dem dafür vorgesehenen Rahmen und teils in informellen Bahnen, teils auf offener Bühne, teils hinter den Kulissen.[4]

Ein Gesetzgebungsinsider hält fest:

> Gesetzgebung ist nicht nur und noch nicht einmal in erster Linie die möglichst sachgerechte Umsetzung von Erkenntnisprozessen, sondern zuvörderst Teil des mit einem ständigen Kräftemessen um Machterwerb und Machterhalt verbundenen Interessenabgleichs zwischen den organisierten gesellschaftlichen Gruppen und den daraus folgenden Entscheidungen.[5]

Ein Vertreter sowohl der Rechtswissenschaften wie der Politik erkannte:

> Denn am Ende des Tages ist „Recht" – wie es so schön heißt – doch „geronnene Politik", welches nur in einem komplexen gesellschaftlich-demokratischen Prozess entstehen kann und in einen gesetzgeberischen Akt mündet. Und an die Adresse des Rechtswissenschaftlers muss man dabei sagen: Es entscheidet die Mehrheit, nicht die Dogmatik, und das steht sogar im Grundgesetz.[6]

Darin macht das Steuerrecht keine Ausnahme.

---

[4] *Hesse*, Einführung in die Rechtssoziologie (2004) S. 45.

[5] *Blum* (Ministerialdirigent im Niedersächsischen Landtag Gesetzgebungsdienst), Wege zu besserer Gesetzgebung – Sachverständige Beratung, Begründung, Folgeabschätzung und Wirkungskontrolle, Gutachten für den 65. Deutschen Juristentag, Band I (2004) S. I 16.

[6] *Hirte* (Professor der Rechtswissenschaft sowie bis zum 19. Bundestag dessen Mitglied und stellvertretender Vorsitzender des Rechtsausschusses), Das Gesellschaftsrecht und die Politik, FS Seibert (2019) S. 357.

3.

Der Kampf ums Steuerrecht

a) Konsens versus Kampf

Man braucht weder Jurist noch Finanzwissenschaftler noch Historiker zu sein, um zu erkennen, dass das Steuerrecht in den *Iheringschen* Kategorien gemessen sich nicht allmählich und harmonisch durch weise Einsicht aller Beteiligten entwickelt, sondern zu dem Recht gehört, das aus einem Kampf der gegensätzlichen Interessen entsteht. Steuerrecht im Allgemeinen und die Steuergesetze im Besonderen sind kein „Naturrecht". Der Soziologe *Jens Beckert* fasst es präzise zusammen:

Die Frage, wer wieviel Steuern bezahlen muss, wird in gesellschaftlichen Aushandlungskämpfen festgelegt.[7]

Der Jurist *Wolfgang Schön* erkennt:

Steuergesetzgebung – das ist und bleibt ein politisch verfasster, transparenter, aber auch unaufhörlicher Verteilungskampf innerhalb des Staatsvolks.[8]

Der Finanzwissenschaftler *Klaus Tiepelmann*:

Unter dem Etikett einer Steuerreform werden gesellschaftliche Basiskonflikte um die Verteilung des Sozialprodukts ausgefochten.[9]

---

[7] *Beckert*, Unverdientes Vermögen: Soziologie des Erbrechts (2004) S. 201.

[8] *Schön*, Grundrechtsschutz gegen den demokratischen Steuerstaat, JöR Bd. 64 (2016) S. 515, 527.

[9] *Tiepelmann*, Steuerreform-Illusionen, Wirtschaftsdienst 1978 S. 387.

Karl Koch, Ministerialdirektor und Leiter der Steuerabteilung im Bundesfinanzministerium:

Die Änderungen der Steuergesetze … sind das Ergebnis eines heftigen Verteilungskampfes.[10]

In der Besteuerung spiegeln sich die Machtverhältnisse innerhalb einer Gesellschaft wider. Ausgangspunkt ist der Sachverhalt, dass in fast allen Gesellschaften Vermögen und Einkommen ungleich verteilt sind, gewöhnlich in Form einer Pyramide in der Weise, dass in der Spitze der Pyramide relativ wenige Menschen hohe Einkommen und viel Vermögen haben und zum Fuße der Pyramide hin sehr viele Menschen wenig Einkommen und Vermögen haben. Dabei muss die Pyramide nicht am Fuße am breitesten sein, sondern kann dort auch wieder zusammenlaufen, was zu der Erscheinung des sog. Mittelstandsbauches führt. Es gibt auch keine scharfe Grenze zwischen den verschiedenen Einkommens- und Vermögensschichten, sondern nur gleitende Übergänge. Die hier entscheidende Frage ist, wer und wie er die Steuerbelastung zwischen den Menschen und Institutionen, die die Pyramide bilden, verteilt. Das entscheidet der jeweilige Machthaber. In der Zeit des Feudalismus waren die Hochverdiener und Vermögenden (die Besitzenden) ganz überwiegend gleichzeitig auch die Machthaber. Es nimmt daher nicht Wunder, dass die damaligen Steuersysteme die Besitzenden relativ verschonten und der größte Teil der Steuerlast von den Besitzlosen getragen wurde. Der Symbolsatz war: Der Adel zahlt mit seinem Blut, die Kirche mit Beten, die Bauern und Arbeiter mit Geld. In moderner Terminologie geschah das dadurch, dass es keine oder wenig direkte Steuern (Einkommensteuer, Vermögensteuer, Erbschaftsteuer) gab, die die Besitzenden belastet hätten, sondern schwerpunktmäßig indirekte Steuern auf den Verbrauch aller möglichen Waren und Dienstleistungen. Sie wurden zwar auch von den Besitzenden getragen, weil sie gewöhnlich mehr verbrauchten als die Besitzlosen, aber von dem

[10] *Koch*, Aktuelle steuerpolitische und steuerrechtliche Fragen, StbJb 1978/79 S. 72.

Gesamtsteueraufkommen entfiel naturgemäß viel mehr auf die Besitzlosen.[11]

Auch heute wird keineswegs jeder von jeder Steuer in gleicher Weise betroffen. Ganz im Gegenteil. Von den rund 82 Millionen in Deutschland lebenden Menschen zahlen im Jahr ca. 22 Mio. Einkommensteuer, entsteht bei jährlich ca. 900.000 Todesfällen und einer unbekannten Anzahl von Schenkungen bei ca. 165.000 Erbschaften und Schenkungen Erbschaftsteuer (2020) und haben bis 1996 ca. 350.000 Menschen Vermögensteuer bezahlt. Die Umsatzsteuer wird dagegen von jedem Menschen in Deutschland aufgebracht, der etwas kauft oder eine Dienstleistung erwirbt, was unter Außerachtlassung geschäftsunfähiger Kinder an die 70 Millionen Menschen sein dürften. Auch die von einer Steuer betroffenen Menschen sind keineswegs homogen. Von den ca. 22 Mio. Einkommensteuerzahlern erbringen die 10% Höchstverdiener, ca. 2,8 Mio., etwas mehr als 50% der gesamten Einkommensteuer. Wer 40 Mietwohnungen im Wert von EUR 10 Mio. erbt oder EUR 10 Mio. Wertpapiere, zahlt darauf Erbschaftsteuer. Wer 400 Wohnungen im Wert von EUR 100 Mio. erbt, zahlt darauf (vereinfacht) keine Erbschaftsteuer. Der Bettler, der sich ein Brötchen kauft, zahlt darauf die gleiche Umsatzsteuer wie der Millionär, der sich ein Brötchen kauft. Dass solche Besteuerungen nicht das Ergebnis harmonischer Entwicklungen im Konsens sind, sondern von Kämpfen, ist offenbar, was auch *Karl Marx* 1850 erkannt hatte:

> Die Steuerreform ist das Steckenpferd aller radikalen Bourgeois, das specifische Element aller bürgerlich-ökonomischen Reformen. Von den ältesten mittelalterlichen Spießbürgern bis zu den modernen englischen Freetradern dreht sich der Hauptkampf um die Steuern.[12]

[11] Vgl. *Schremmer* (Hrsg.), Steuern, Abgaben und Dienste vom Mittelalter bis zur Gegenwart (1994); *Piltz*, Folgerungen aus der Entwicklung der deutschen und englischen Einkommensteuer, StuW 2014 S. 39; *F.K. Mann*, Beiträge zur Steuersoziologie, FinArch 1934 S. 281; *Ders.*, Zur Soziologie der finanzpolitischen Entscheidung, Schmollers Jahrbuch (1933) S. 59.

[12] Zitiert nach *Graßmann*, Karl Marx' Kritik des besteuernden Staates, in Huhnholz (Hrsg.), Fiskus-Verfassung-Freiheit (2018) S. 180.

Hinzu kommt, dass im modernen Sozialstaat die eingenommenen Steuern zum überwiegenden Teil wieder an die Bevölkerung verteilt werden, aber zum größten Teil nicht an die, die sie gezahlt haben.[13] *Hans H. Gattermann* (ehemals Vorsitzender des Finanzausschusses des Bundestages) beschrieb es wie folgt:

> Dieses Steuerrecht [in einer parlamentarischen Demokratie] ist ja nicht Selbstzweck, sozusagen „l'art pour l'art", sondern mit Hilfe dieses Gesetzes werden die Bürger abkassiert im wahrsten Sinne des Wortes, und andere werden aus den einkassierten Mitteln mit Wohltaten versehen.[14]

Dass das nicht kampflos abgeht, versteht sich.

b) Die Historie

Soweit die Steuergeschichte bekannt ist, ist sie ein Kampf der widerstreitenden Interessen. „Ströme von Blut" (*Ihering*) fließen heute wegen eines Steuergesetzes zwar nicht mehr. Aber das war in der Vergangenheit schon sehr anders. Es ist ganz erstaunlich, wie viele Aufstände, Rebellionen, Revolutionen und Putsche um und gewöhnlich gegen eine Besteuerung gemacht wurden. Der Amerikaner *David Burgs* zählt 392 Fälle von Steueraufständen auf.[15] Darunter sind auch solche, die heute noch Allgemeinwissen darstellen, und nicht wenige, in denen auch Blut floss.

Als die die Niederlande beherrschenden Spanier im Jahre 1571 durch den Herzog *Alba* die spanische Alcabala, eine Art Umsatzsteuer, in den Niederlanden einführten, war das einer der wesentlichen Antriebe zu dem Kampf der Niederlande gegen die

---

[13] *Piltz*, StuW 2014 S. 39, 55.

[14] In Raupach/Tipke/Uelner, Niedergang oder Neuordnung des deutschen Einkommensteuerrechts (1985) S. 203.

[15] A World History of Tax Rebellions: An Encyclopedia of Tax Rebels, Revolts, and Riots from Antiquity to the Present (2004); vgl. auch *Keen/Slemrod*, Rebellion, Rascals, and Tax: Tax Follies and Wisdom through the Ages (2021).

spanische Herrschaft, den die Niederlande bekanntlich am Ende gewonnen haben.

Eine Ursache des englischen Bürgerkrieges war, dass *Charles I.* im Jahre 1628 vom Parlament neue Finanzmittel nur gegen die Zusicherung bewilligt wurden, Steuern nicht ohne Einwilligung des Parlaments zu erheben (Petition of Rights). Der König sagte zu und unterschrieb, brach aber sein Versprechen und erhob Steuern großenteils willkürlich aus eigener Machtvollkommenheit. Der Bürgerkrieg endete mit seiner Hinrichtung im Jahre 1649.

Der Auslöser der amerikanischen Revolution war die auch in Deutschland Schulbuchwissen darstellende Boston Tea Party im Jahre 1773, in der sich die Einwohner der englischen Kolonien in Nordamerika gegen die Oktroyierung von Steuern durch das Mutterland England mit dem Schlagwort „No taxation without representation" wehrten. Der Unabhängigkeitskrieg endete mit der englischen Niederlage im Jahre 1783 und startete den Aufstieg Amerikas zur Weltmacht.

Ein Auslöser der französischen Revolution 1789 waren die Steuern. Von den drei Ständen Adel, Klerus und Bauern (das Bürgertum einschließend, was zusammen mehr als 95 % der Bevölkerung ausmachte) waren die beiden ersten von direkten Steuern befreit. Die Steuern belasteten nicht diejenigen, die sie am ehesten bezahlen konnten, sondern diejenigen, die sich am wenigsten dagegen wehren konnten.[16] Die extreme Staatsverschuldung, die 1788 zum Staatsbankrott führte, veranlasste König und Finanzminister zu Steuererhöhungen, zu denen die Zustimmung der seit 1614 nicht mehr einberufenen Generalstände erforderlich war. Die Nichteinigung über die Verteilung der Steuerlasten (der Adel wollte seine Privilegien nicht aufgeben) führte schließlich zum Ausbruch der Revolution.

[16] *Alexis de Toqueville*, Der alte Staat und die Revolution (deutsch 3. Aufl. 1989) S. 107.

Die deutsche Revolution von 1848/49 richtete sich nicht nur gegen die Grund- und Standesherren, sondern auch gegen die staatlichen Abgaben.

Der Anfang vom Ende der britischen Kolonialherrschaft über Indien war im Jahre 1930 der sog. Salzmarsch, zu dem *Mahatma Ghandi* die Bürger animierte, um die hohe Salzsteuer, die es Indern unmöglich machte, eigenes Salz herzustellen und zu verkaufen, zu beseitigen.

Dass auch heute noch eine unkluge Steuerpolitik einen Staatschef den Kopf (wenn auch im übertragenen Sinne) kosten kann, belegt der englische Steueraufstand gegen die von *Margaret Thatcher* 1990 verfochtene Poll Tax (Community Charge). Diese Steuer belastete jeden Erwachsenen im Bezirk mit einem Pro-Kopf-Betrag, den die Bezirksvertretung festlegte. Die Empörung darüber trug wesentlich zu *Thatchers* Sturz bei.[17]

Die Struktur der historischen Steuerkämpfe war allerdings nicht nur in ihrer Blutrünstigkeit wesentlich anders als heute, sondern auch hinsichtlich der Konstellation der kämpfenden Parteien. Bei der Erhebung von Steuern durch eine relativ kleine Schicht von adligen Grundherren oder kirchlichen Institutionen von (vereinfacht) der arbeitenden Bevölkerung, insbesondere den Bauern, verlief die Front zwischen den Feudalherren und den Bauern. In Ländern mit einer Krone erhob diese von den Feudalherren und Ständen Steuern. Letztere bildeten Parlamente und rangen der Krone (zuerst in England) ein Steuerbewilligungsrecht ab.[18] Die Front verlief zwischen der Krone und den Vasallen. Erst im Laufe des 19. Jahrhunderts entwickelte sich die moderne Konstellation des von allen Staatsbürgern gewählten Parlamentes, das eben diese Staatsbürger mit Steuern belastet. Die Front verlief zwischen Parlament und Bürgern, aber keineswegs trennscharf, und vor allem mit sehr viel mehr Mitspielern.

[17] *Butler/Adonis/Travers*, Failure in British Government: The Politics of the Poll Tax (1994).

[18] *D. Pirson,* Steuerbewilligung und Steuergesetz, FS Leisner (1999) S. 811.

Auch innerhalb des Staates hat sich die Frontlinie verschoben. Der Altzustand war: Die Regierung will Geld und das Parlament will nicht so viel bewilligen. Der Neuzustand ist: Das Parlament beschließt Ausgaben, und die Regierung muss die Notbremse dagegen ziehen. Das hat sich im Grundgesetz in den Art. 113 Abs. 1 und 23 Abs. 5 niedergeschlagen. Danach bedürfen Gesetze, die gegenüber dem von der Bundesregierung vorgeschlagenen Haushaltsplan die Ausgaben erhöhen oder die Einnahmen vermindern, der Zustimmung der Regierung. Das ist als Bremse gegen die Ausgabenfreude der Parlamentarier gedacht,[19] in der Rechtswirklichkeit allerdings bisher wirkungslos, weil die Regierung ebenso um Wiederwahl besorgt ist wie die Parlamentsabgeordneten. Das den Ausgabenwunsch und damit auch den Steuereingriff der Regierung mäßigende Parlament ist zur Ausnahmeerscheinung geworden.[20]

c) Die Grundkonstellation

Steuern werden nicht freiwillig gezahlt, sondern sie werden „auferlegt", wie § 3 Abs. 1 AO treffend formuliert. „Auferlegen" tut der Staat, zahlen müssen die Steuerpflichtigen. Es liegt keine vertragliche Beziehung zwischen Gleichberechtigten vor, sondern ein Verhältnis von oben und unten, von Befehl und Gehorsam. „In der Steuergewalt entlädt sich die Staatsgewalt gegen den Staatsbürger."[21] Die mildere Bezeichnung dieser Zwangsbeziehung (der Steuerpflichtige als „Kunde des Finanzamts") ändert nichts an den Fakten.

---

[19] Sachs/*Siekmann*, GG (9. Aufl. 2021) Art. 113 Rz. 6.

[20] *Di Fabio*, Steuern und Gerechtigkeit, JZ 2007 S. 749; so schon *G. Cohn* für den Reichstag nach 1871: „Mehrheiten für vaterländische Opfer gab es nicht mehr im Reichstag, aber desto bereitwilligere Mehrheiten für Opfer des Vaterlandes, die den Wählerschaften von ihren Erwählten versprochen wurden." *Cohn*, Betrachtungen über die Finanzreform des Reiches (1913) S. 137.

[21] *W. Schön*, Grundrechtsschutz gegen den demokratischen Steuerstaat, JöR Bd. 64 (2016) S. 515.

Solange Steuern bekannt sind, gibt es auch Steuerwiderstand. In der Gegenwart nimmt die Diskussion über den Steuerwiderstand sogar größeren Raum ein als die über ein „gutes Steuerrecht". Aus der Sicht der Staaten ist die gesamte BEPS-Diskussion (Base Erosion and Profit Shifting) durch Steuerwiderstand ausgelöst.[22] Die Darstellungen des Steuerwiderstandes legen ihren Schwerpunkt auf die Maßnahmen, die die Steuerpflichtigen unter dem geltenden Recht gegen oder zur Minderung ihrer Steuerbelastung treffen, wie z. B. die Nichterfüllung des Tatbestandes durch Verzicht, Vermögens- und Einkommensverlagerung an steuergünstige Orte, aggressive aber legale Steuergestaltungen oder sogar die illegale Steuerhinterziehung. Historische Darstellungen unterscheiden sich insoweit kaum von modernen.[23]

Sehr viel weniger wird der Steuerwiderstand der Art beschrieben, der darin besteht, den o. a. Maßnahmen zeitlich vorgelagert bereits eine belastende Steuergesetzgebung abzuwehren, obwohl doch dieses Vorgehen viel durchgreifender ist und außerdem nicht in die undurchsichtigen Grauzonen der Steuerumgehung und -hinterziehung abdriftet. Der „gesellschaftliche Aushandlungskampf" bei der Steuergesetzgebung wird heute in der rechtswissenschaftlichen, in der finanzwissenschaftlichen und auch in der politikwissenschaftlichen Literatur nicht oder nur andeutend beschrieben. Das ist umso erstaunlicher, als alle Beteiligten wissen, dass er stattfindet und welche zentrale Rolle er in der Genese der Steuergesetze einnimmt.

Es scheint, dass die Wissenschaftler früherer Zeiten mit der Realität der Steuerpolitik weniger fremdelten. Der größte von ihnen war vielleicht *Albert Schäffle*.[24] *Schäffle* hatte den großen Vorteil,

---

[22] Dazu *Schaumburg*, Internationales Steuerrecht (4. Aufl. 2017) S. 117; *Schön*, Internationale Steuerpolitik zwischen Steuerwettbewerb, Steuerkoordinierung und dem Kampf gegen Steuervermeidung, IStR 2022 S. 181.

[23] Z. B. *F.K. Mann*, Die Grundformen der Steuerabwehr, Jahrbuch für Nationalökonomie und Statistik Bd. 120 (1923) S. 497; *Popitz*, Der wirtschaftende Mensch als Steuerzahler, Vierteljahresschrift für Steuer- und Finanzrecht 1930 S. 1; *Holtgrewe*, Der Steuerwiderstand (1954); *A. Klein*, Steuermoral und Steuerrecht (1997) S. 51–73.

[24] In seinem Werk Die Grundsätze der Steuerpolitik (1880).

nicht nur Wissenschaftler, sondern auch praktisch in der Politik tätig zu sein, einmal sogar als KuK österreichischer Minister im Kabinett *Hohenwart/Schäffle* im Jahre 1871. *Schäffle* sieht als Akteure des gesellschaftlichen Aushandlungskampfes um die Steuern auf der einen Seite den Staat und auf der anderen Seite die Steuerzahler, die er Steuerkräfte nennt. Allerdings kämpfen die Steuerzahler nicht (nur) geschlossen gegen den Staat, sondern auch gegeneinander mit dem Ziel, dass sie verschont und andere belastet werden, so dass auf dem Schlachtfeld drei Parteien kämpfen. Es lohnt sich, einige Passagen von *Schäffles* Buch ins Bewusstsein zurückzurufen (unter Verwendung des Wortes Steuerzahler für Steuerkräfte).[25]

Das ideale Steuersystem kommt weder geradeaus, noch friedlich, noch ganz zur Verwirklichung. Der Fortschritt und die Vervollkommnung ist in allen menschlichen Dingen durch einen Kampf ideeller und materieller Interessen vermittelt und im Gebiete der Besteuerung wird dieser Kampf mit einem besonders hohen Grade von Selbstsucht, Härte und Klassenleidenschaft geführt. ... Er ist Befreiungs- und Freihaltungskampf auf Seite der Steuerzahler dem Staate gegenüber, Abwälzungs- und Rückwälzungskampf zwischen den Steuerpflichtigen selbst.

Der Staat führt den Kampf gegen die Steuerzahler. Die Steuerzahler führen ihn gegen den Staat und gegeneinander, indem sie die Steuerlast umgehen, abwälzen, einander zuschieben.

Immer ist die tatsächliche Gestaltung des Steuerwesens ein Erzeugnis vorangegangener Interessenkämpfe. Der ganze Verlauf der Steuergeschichte ... ist nur erklärlich, wenn man den Belastungskampf des Staates gegen die Steuerzahler, den Entlastungskampf der letzteren gegen den Staat und gegeneinander richtig durchschaut.

[Im Kampf zwischen Staat und Steuerzahler] gibt subjektive Übermacht beruhend auf List und Überredung, auf politischem und parlamentarischem Einfluss, auf Geldbesitz und unterstützt von günstiger Verkettung der nicht beherrschbaren Einflüsse, das heißt durch Glück oder Zufall, den Ausschlag.

Außer dem Zufall entscheidet die subjektive Übermacht der einen oder anderen Partei über den Erfolg. Diese Übermacht ist aber teils mechanisch zwingende Gewalt, teils überlistende geistige Überlegenheit, teils Ansehen und Besitz.

[25] Auszüge aus *Schäffle*, Die Grundsätze der Steuerpolitik (1880) S. 164 bis 174.

[Der Staat wendet vielfach Zwang und List, psychologisch schlaue Regulierung an.] Die Steuerzahler aber überlisten … durch schlaue Lenkung der öffentlichen Meinung und der Steuergesetzgebung, durch Bestechung; vereint wenden sie in Parlamenten die Steuergewalt des Staates selbst gegen den Staat, indem sie Schulden beschließen, wo Steuern gegeben werden sollten, indem sie die Zukunft belasten und die Gegenwart verhältnismäßiger Belastung entziehen.

[Am gefährlichsten für den Staat] ist die vereinte politische Steueropposition. Der Klassenwiderstand wird immer vorwiegend ein Widerstand des Amts- oder Grund- oder Geldadels sein; denn die schwächeren politischen Schichten erreichen genügende Widerstandskraft nicht …

Man glaube nur nicht, dass bloß die alten Stände ihren Einfluss zur Abwälzung der Lasten benützt haben. Der Parlamentarismus der liberalen Epoche ist auch eines ungeheuren Missbrauches zu verwerflicher Steueropposition fähig. Eben die liberale Epoche und in ihr nicht bloß der Angehörige der liberalen Partei – ist karg gegen den Staat. Sie stellt das Individuum gerne über den Staat, keine Klasse will selbst zahlen, sondern verdeckt die anderen zahlen lassen. Das liegt tief im innersten Charakter einer einseitig privatwirtschaftlichen Epoche der materiellen Interessen begründet. … Das gilt nicht bloß von der Liberalen Partei, sondern mehr oder weniger von allen Parteien der liberalen Epoche.

[Die Abwälzung der Steuerlasten auf den anderen geschieht], indem sich die herrschenden Klassen offene und verdeckte, tatsächliche und förmliche Steuerprivilegien verschaffen, so dass desto mehr Last den übrigen Steuerzahlern zufällt. Macht, Ansehen, verfassungspolitische Vorrechte, List, Bestechung, Unsichtbarkeit und Unfindbarkeit der Vermögens- und Einkommenssubstanz begünstigen die private und die öffentliche Hinterziehung.

So amüsant und richtig die Schilderung *Schäffles* ist (die heute kaum ein Ex-Minister und Wissenschaftler wagen würde zu schreiben), muss ihr etwas Wichtiges hinzugefügt werden. Sowohl der Staat als auch die Steuerpflichtigen sind keine homogenen Akteure, auch nicht die beiden von *Schäffle* differenzierten Gruppen von Steuerpflichtigen. Wir haben es vielmehr auf beiden Seiten mit einer Vielzahl von Institutionen und einzelnen Menschen zu tun, die – und das ist das Entscheidende – durchaus gegenläufige Interessen haben können.

Im modernen demokratischen Staat „spielen“ in dem gesellschaftlichen Aushandlungskampf über Steuern drei Institutionen die Hauptrollen: der Staat als Institution, die Steuerpflichtigen und die „gesetzgebenden“ Menschen (politische Entscheider). Der Staat will von den Steuerpflichtigen Geld. Die Steuerpflichtigen wollen dem Staat möglichst kein oder wenig Geld geben.[26] Wie das ausgeht, bestimmen die zum Verfahren der Steuergesetzgebung berufenen einzelnen Menschen.

In früheren Jahrhunderten entschieden diese Entscheider damit häufig über ihr eigenes finanzielles Wohl und Wehe. Es waren oft die einkommensstarken und vermögenden Personen in der Gesellschaft, die gleichzeitig die politische Macht zur Steuergesetzgebung hatten. Wie erwähnt, waren zu jenen Zeiten die direkten Steuern auf Einkommen und Vermögen (Einkommensteuer, Vermögensteuer, Erbschaftsteuer) gering, und die indirekten Steuern auf den Verbrauch, die alle Staatsbürger unabhängig von Einkommen oder Vermögen trafen, erbrachten den Großteil des Steueraufkommens.

Die Besonderheit des modernen politischen Entscheiders über die Steuerbelastung ist, dass er selbst ganz überwiegend kein eigenes finanzielles Interesse hat. Nur wenige der für die Steuergesetzgebung zuständigen Entscheider gehören zu den Reichen, die man verdächtigen könnte, Steuerpolitik pro domo zu machen. Die ganz große Mehrzahl sind sog. Normalverdiener, die das Steuergesetz unabhängig von eigenen finanziellen Interessen gestalten können. Aber das heißt natürlich nicht, dass sie nicht andere Interessen haben, von denen sie ihre Entscheidung „Wer zahlt wieviel Steuern?“ abhängig machen, oder sie jedenfalls darin einfließen lassen. Wenn man es zuspitzen will, entscheiden heute in der Steuergesetzgebung finanziell „kleine Leute“ über das Geld „großer Leute“ und aller anderen „kleinen Leute“.

[26] Inschrift an einem alten Wirtshaus (ca. 1700) in Niedersachsen: „Gott beschütze dieses Haus vor Not und Feuer, Krieg und Steuer.“

d) Die Außenseite und die Innenseite

Wer auf den Inhalt eines Gesetzes Einfluss nehmen will, muss wissen, wie das Gesetz zustande kommt. Das gilt für alle Gesetze und folglich auch für Steuergesetze. *Ihering* hätte vom „Schlachtfeld" gesprochen. Hier sind zwei ganz entscheidend unterschiedliche Faktoren der Gesetzesentstehung zu unterscheiden:

- Zum einen das Verfahren, in dem aus einem bloßen Text ein Gesetz wird, also ein Befehl, dem alle Adressaten des Gesetzes gehorchen müssen. Dieses rechtstechnische Verfahren ist in den Art. 76 ff. GG geregelt, wenngleich sehr unvollständig.
- Zum anderen das Verfahren, in dem der Inhalt der Normen bestimmt wird, welche dann in dem Verfahren nach Art. 76 ff. GG Gesetzeskraft erlangen. Über die Inhaltsbestimmung des Gesetzes, insbesondere die damit befassten Personen und Institutionen, verliert das Grundgesetz kein Wort. „Die politische Themenfindung ist kein Thema für Juristen." (im Sinne einer Alleinzuständigkeit).[27]

Etwas plakativ kann man von der Außenseite oder Mechanik einerseits und der Innenseite andererseits der Gesetzgebung sprechen.[28] Das ist für die Inhaltsbestimmung der Steuergesetze von entscheidender Bedeutung.

[27] *Von Beyme*, Der Gesetzgeber (1997) S. 73.
[28] AK-GG *Jekewitz*, Art. 76 Rz. 4.

4.

Das grundgesetzliche Verfahren

Die Darstellungen der Steuergesetzgebung in den Kommentaren zum Grundgesetz und den einschlägigen Lehrbüchern betonen das in den Art. 76 bis 82 GG vorgeschriebene Verfahren.[29] Die Art. 76 ff. GG regeln die Beziehungen der gesetzgebunden Institutionen Bundesregierung, Bundestag, Bundesrat untereinander, nicht aber die Gesetzgebungsarbeit innerhalb dieser Institutionen. Das tun andere Normen, vornehmlich deren Geschäftsordnungen. Zu nennen sind insbesondere die Geschäftsordnung der Bundesregierung (GOBReg), die das Verfahren regelt, in dem Gesetzentwürfe der Bundesregierung erarbeitet werden,[30] die gemeinsame Geschäftsordnung der Bundesministerien (GGO), die Geschäftsordnung des Deutschen Bundestages (GOBT), die des Bundesrates (GOBR) und die des Vermittlungsausschusses (GOVA), sowie die Beschlüsse der Bundesregierung und die interne Geschäftsordnung des Bundesministeriums der Finanzen. Hinzu kommen die teils umfangreichen von den staatlichen Institutionen herausgegebenen Leitfäden zur Gesetzgebung, die deren Qualität fördern sollen.[31] Da das Gesetzgebungsverfahren über den Inhalt des Gesetzes „Wer zahlt wieviel Steuern?“ nichts aussagt, sei es hier nur grob skizziert.[32]

---

[29] Z.B. *Seiler*, Steuer- und Finanzgesetzgebung, in Kluth/Krings (Hrsg.), Gesetzgebung (2014) S. 794.

[30] Dazu *Hirte*, Das Gesellschaftsrecht und die Politik, FS Seibert (2019) S. 352.

[31] Vgl. BMJ, Handbuch der Rechtsförmlichkeit, 3. Aufl. 2008; BMI, Handbuch zur Vorbereitung von Rechts- und Verwaltungsvorschriften, 2. Aufl. 2012; zu deren Nutzen *Blum* (Fn. 5) S. I 23.

[32] Allgemein zur Gesetzgebung für viele *Ossenbühl*, Das Verfahren der Gesetzgebung, in Isensee/Kirchhof (Hrsg.), Hdb. des Staatsrechts Bd. V (3. Aufl. 2007) S. 223; *Hadamek*, Die Gesetzesberatung im Bundestag und seinen Ausschüssen; *Risse/Wisser*, Die Gesetzesberatung im Bundesrat und seinen Ausschüs-

Die (technische) Entstehung des Gesetzes beginnt mit der Einbringung der Gesetzesvorlage (Gesetzesentwurf) im Bundestag (Art. 76 GG). Eine Gesetzesvorlage in den Bundestag einbringen kann nicht jedermann, sondern nur entweder die Bundesregierung oder der Bundesrat oder die Mitte des Bundestages, womit Abgeordnete gemeint sind. Steuergesetze werden ganz überwiegend von der Bundesregierung eingebracht. Im Einzelnen:

Gesetzesvorlagen der Regierung gehen vor ihrer Einbringung in den Bundestag an den Bundesrat zur Stellungnahme (sog. Erster Durchgang im Bundesrat). Dessen Stellungnahme wird vom Finanzausschuss des Bundesrates erarbeitet. Von dort gehen sie zurück an die Regierung, die sie mit der Stellungnahme des Bundesrates und ggf. ihrem Kommentar dazu beim Bundestag einbringt.

Gesetzesvorlagen des Bundesrates (als Organ, ggf. nach Mehrheitsbeschluss) gehen nicht unmittelbar an den Bundestag, sondern werden zunächst der Bundesregierung zugeleitet. Die Initiative geht gewöhnlich von einem Land oder einer Ländergruppe aus. Von der Regierung werden sie (ggf. mit deren Stellungnahme) im Bundestag eingebracht.

Vorlagen aus der Mitte des Bundestages werden ohne Beteiligung des Bundesrates im Bundestag eingebracht, sog. Fraktionsinitiativen. Als eigenständige Abgeordneten-Entwürfe kommen sie eher selten vor. Geschieht das durch die regierungstragenden Parteien, wird gewöhnlich die Bundesregierung um eine sog. Formulierungshilfe gebeten, die bei streitigen Vorhaben sogar vom Kabinett verabschiedet wird, bevor sie den Fraktionen zur Verfügung gestellt wird. Häufig werden von der Regierung ausgearbeitete Gesetzesentwürfe nicht von dieser selbst, sondern auf ihre Ver-

sen; *Koggel*, Das Vermittlungsverfahren; *Pieper*, Die Ausfertigung der Gesetze; alle in Kluth/Krings (Hrsg.) Gesetzgebung (2014), §§ 17 bis 20 S. 393 ff.; *Schulze-Fielitz*, Theorie und Praxis parlamentarischer Gesetzgebung (1988), empirisch informativ. Zur Evaluation vgl. *Hill* (Hrsg.), Zustand und Perspektiven der Gesetzgebung, 56. Staatswissenschaftliche Fortbildungstagung 1988 der Hochschule für Verwaltungswissenschaften Speyer (1989), die auch heute noch zutrifft.

anlassung von den sie tragenden Parlamentsfraktionen direkt in den Bundestag eingebracht, um die vorherige Zuleitung an den Bundesrat zu umgehen.[33] Im Steuerrecht sind fast alle der „aus der Mitte des Bundestages" eingebrachten Entwürfe solche „getarnten" Regierungsentwürfe. Die Fraktionsinitiative wird auch bei besonders eilbedürftigen Gesetzen genutzt, die dann in einer Woche verabschiedet werden können, so z.B. bei der Lehmankrise, anfangs der Coronakrise, und beim Ukrainekrieg.

Der Einbringung des Entwurfs in den Bundestag folgt dort die erste Lesung, die gewöhnlich nicht in einer inhaltlichen Diskussion besteht. Vielmehr wird der Entwurf an den Finanzausschuss des Bundestages überwiesen.

Der „federführende" Finanzausschuss wird von dem Steuergesetz durch die Überweisung an ihn nicht „überrascht". Das Bundesfinanzministerium und die Bundesregierung beziehen ihn regelmäßig schon vorher in die Terminplanung mit den inhaltlichen Vorgaben des Gesetzes ein. Der Finanzausschuss muss nicht, kann aber Vertreter von Interessenverbänden, Sachverständige und andere Auskunftspersonen anhören, was z.B. zu den Entwürfen des Erbschaftsteuergesetzes geschehen ist.[34] An den Ausschusssitzungen nehmen auch Beamte des BMF als Auskunftspersonen und „Formulierungshelfer" teil, wegen ihrer Sachkenntnis oft mit beträchtlichem Einfluss. Der Finanzausschuss kann zu der Gesetzesvorlage Änderungen und Ergänzungen vorschlagen, was z.B. zu den ErbStG-Entwürfen geschehen ist. Die Arbeit des Finanzausschusses endet nach zwei Lesungen mit einem Bericht und Beschlussempfehlungen, wonach der Bundestag beschließen soll, den Gesetzesentwurf a) unverändert anzunehmen, b) abzulehnen oder c) mit den vom Finanzausschuss vorgeschlagenen Änderungen anzunehmen. Danach geht der Entwurf vom Finanzausschuss wieder in den Bundestag zur zweiten Lesung.

---

[33] Vgl. etwa *Mann*, Gesetzgebungsverfahren, in FS Kirchhof Leitgedanken des Rechts (2013) S. 361; *Ders.*, in Sachs (Hrsg.), GG (9. Aufl. 2021) Art. 76 Rz. 24.

[34] Vgl. BT-Drs. 16/11107 vom 26.11.2008 S. 2.

Von der Materie berührte weitere Ausschüsse werden einbezogen, insbesondere der Haushalts- und Rechtsausschuss, aber auch z. B. der Ausschuss für Ernährung und Landwirtschaft, wenn es um die Besteuerung der Bauern geht. Deren Stellungnahmen liegen dem Finanzausschuss vor Abschluss seiner Beratungen vor.

In der zweiten Lesung diskutiert das Plenum des Bundestages den Entwurf (falls der Finanzausschuss Änderungen vorgeschlagen hat, in dieser Fassung), wobei auch Anträge auf seine Änderung oder Ergänzung oder Wiederherstellung des ursprünglichen Entwurfs gestellt werden können. Die zweite Lesung endet mit einer Abstimmung.

Meistens im Anschluss erfolgt die dritte Lesung. Dort können ebenfalls noch Anträge gestellt werden. Die dritte Lesung endet mit der Abstimmung, die den Entwurf annimmt (Gesetzesbeschluss des Bundestages) oder ablehnt.

Inhaltliche Änderungen bringen die Plenardebatten selten. Sie haben und sollen Außenwirkung haben („Schaufenster"), indem sie die unterschiedlichen politischen Standpunkte offenlegen.[35]

Der Gesetzesbeschluss des Bundestages idF der dritten Lesung geht an den Bundesrat (Art. 77 GG) sog. Zweiter Durchgang im Bundesrat. Dieser hat zwei Möglichkeiten.

Der Bundesrat stimmt zu. Dann wird der Beschluss durch die Bundesregierung unterzeichnet und dem Bundespräsidenten zugleitet.

Der Bundesrat stimmt nicht zu. Dann kommt es darauf an, ob es sich um ein sog. Einspruchs- oder Zustimmungsgesetz handelt. Bei Einspruchsgesetzen kann der Bundestag den Bundesrat überstimmen (Art. 77 Abs. 3 und 4 GG). Bei Zustimmungsgesetzen ist die Zustimmung des Bundesrats unentbehrlich. Er kann das Gesetz schlicht ablehnen (vgl. Art. 77 Abs. 2a GG) oder den

[35] *Steinbach*, Rationale Gesetzgebung (2015) S. 253.

Vermittlungsausschuss anrufen (Art. 77 Abs. 2 GG). Ersterenfalls können Bundestag oder Bundesregierung den Vermittlungsausschuss anrufen (Art. 77 Abs. 2 S. 4 GG). Da Steuergesetze idR der Zustimmung des Bundesrates bedürfen (Art. 105 Abs. 3 GG), wird der Vermittlungsausschuss häufig angerufen, wenn im Bundestag und im Bundesrat unterschiedliche Partei-Mehrheiten das Sagen haben, oder wenn alle Länder um ihre Einnahmen fürchten. Nichts fürchtet die Bundesregierung mehr als einen 16:0 Beschluss der Länder gegen ein Steuergesetz.

Der Vermittlungsausschuss hat zwei Möglichkeiten.

- Er verändert den Entwurf nicht: dann bleibt es bei dem vom Bundestag beschlossenen Gesetz.
- Er verändert den Entwurf:[36] Dann geht dieser wieder in den Bundestag, der darüber (in einer Beratung) ohne Änderungskompetenz mit „Ja" oder „Nein" entscheidet.

Danach muss wieder (bei Zustimmungsgesetzen) der Bundesrat entscheiden. Stimmt er nicht zu, ist das Gesetz gescheitert, falls nicht Bundestag oder Bundesregierung ihrerseits die Anrufung des Vermittlungsausschusses verlangen.

In allen Fällen ist der letzte Akt die Prüfung des Gesetzes durch den Bundespräsidenten, anschließend seine Unterzeichnung und die Verkündung im Bundesgesetzblatt (Art. 82 GG). Mit dieser Verkündung wird der Gesetzentwurf Gesetz.

Soweit die „Mechanik" der Gesetzesentstehung.

---

[36] In den vom BVerfG gesetzten Grenzen: kein Gesetzesinitiativrecht des Vermittlungsausschusses! Vgl. BVerfG 15.1.2019, BVerfGE 150 S. 345 Rn. 54.

5.

Der Gesetzesinhalt

Wer nur das Grundgesetz anschaut, kann annehmen, dass Bundestag und Bundesrat den Gesetzesinhalt bestimmen. Dem ist nicht so. Sie geben ihm nur die Gesetzeskraft, die rechtliche Verbindlichkeit. Mit dem Inhalt des Gesetzes hat diese Mechanik nur wenig zu tun, zugespitzt in der Formulierung, das Parlament sei „Gesetzgeber, aber nicht Gesetzesmacher".[37]

Es ist offenbar, dass für den Gesetzesinhalt die Phase vor der Einbringung des Gesetzesentwurfs in den Bundestag entscheidend ist. Wer schreibt den Gesetzesentwurf? Wer bestimmt, was in dem Entwurf steht? sind hier die entscheidenden Fragen. Kenner der Gesetzgebung wissen, dass mit der Einbringung des Gesetzes im Bundestag (fast) alles Wichtige schon gelaufen ist.

Freilich kann auch während des oben beschriebenen Gesetzgebungsverfahrens der Gesetzesinhalt geändert und beeinflusst werden, und wird das auch. Aber auch insoweit schweigt das Grundgesetz über die Inhaltsbestimmung der Änderungen. Insgesamt spricht man vom **vorparlamentarischen** und **außerparlamentarischen** (oder: **nebenparlamentarischen**) **Raum der Gesetzgebung.** Dieser Raum der politischen Willensbildung ist für den Kampf ums Steuerrecht der Nervus Rerum.

---

[37] *H. Schneider*, Gesetzgebung (3. Aufl. 2002) Rn. 131.

a) Die Insider

Dieser Bereich ist rechtlich nicht geregelt. Z. B. gibt es für Koalitionsvereinbarungen keine Rechtsregeln und sie sind auch nicht einklagbar, wenn ein Partner sich nicht daran hält, was durchaus vorkommt.[38] Für den Außenstehenden ist es schwierig, sich über das Geschehen im vor- und nebenparlamentarischen Raum zu informieren, weil den Einblick nur die „Insider" haben, die sich eher selten äußern.

Die Kommentare und Lehrbücher zum Grundgesetz schweigen hierzu völlig oder sind unergiebig. Zwar hatte sich die Gesetzgebungswissenschaft rund drei Jahrzehnte lang (ca. 1975 – 2005) durchaus entwickelt.[39] Aber der Prozess der Inhaltsbestimmung des Gesetzes stand nicht im Fokus dieser Bemühungen. Nach 2004 erlahmte der Schwung wieder (übrigens eine markante Parallele zu den ca. zwei Jahrzehnten 1990 bis 2011 Reformeuphorie im Steuerrecht, s. unten S. 100). In dem derzeit wohl umfassendsten juristischen Werk zum Thema von *Kluth/Krings*[40] spricht ein Beitrag das Thema an.[41] Die Legislaturperiode 1980 – 1983 hat – auch allgemein sehr informativ – *Schulze-Fielitz* unter-

---

[38] Vgl. *Kloepfer*, Koalitionsvereinbarungen, NJW 2018 S. 1499.

[39] Vgl. die bei *Ossenbühl*, Verfahren der Gesetzgebung, in Isensee/Kirchhof, Handbuch des Staatsrechts, Bd. V (3. Aufl. 2007) S. 227 Fn. 23 zitierten Autoren; das Standardwerk von *H. Schneider*, Gesetzgebung (3. Aufl. 2002); *Mertens*, Gesetzgebungskunst im Zeitalter der Kodifikationen (2004); *Smeddinck*, Integrierte Gesetzesproduktion (2006); *Emmenegger*, Gesetzgebungskunst (2006). 1987 wurde die Deutsche Gesellschaft für Gesetzgebung (DGG) gegründet, vgl. *Karpen*, 30 Jahre Deutsche Gesellschaft für Gesetzgebung (DGG), ZG 2018 S. 60. Der 65. DJT 2004 hat sich dem Thema „Wege zu besserer Gesetzgebung" gewidmet. 2018 veranstalteten das Institut Finanzen und Steuern, die Gesellschaft für Rechtspolitik und die Deutsche Gesellschaft für Gesetzgebung eine Tagung „Chancen guter Gesetzgebung in einer komplexen Welt" mit Beiträgen von *Hey, Schwarz, Reimer, Karpen, F. Kirchhof*, ifst-Schrift 527 (2019).

[40] Gesetzgebung: Rechtsetzung durch Parlamente und Verwaltungen sowie ihre gerichtliche Kontrolle (2014).

[41] *Maaßen*, Gesetzesinitiativen der Bundesregierung, in Kluth/Krings, a. a. O. S. 191.

sucht.[42] Einige Bücher zur Rechtssoziologie (aber keineswegs alle) behandeln das Thema aus ihrer Sicht, zB. *von Beyme,*[43] *Baer*[44] und *Hesse*[45], wogegen andere die inhaltliche Entstehung von Gesetzen nicht oder nur sporadisch behandeln zB. *Röhl,*[46] *Zippelius,*[47] *Rehbinder.*[48]

Zur Innenseite der Gesetzgebung allgemein sind aufschlussreich die Berichte einiger Insider als Ministerialbeamte oder Mitglieder des Bundestages, insbesondere von *Peter Blum* (Ministerialdirigent beim Niedersächsischen Landtag),[49] *Wolfgang Zeh* (langjährig leitend in der Verwaltung des Deutschen Bundestages),[50] *Armin Steinbach* (Leiter des wirtschaftspolitischen Grundsatzreferats im Bundesministerium für Wirtschaft und Energie),[51] *Hans Georg Maaßen* (ehemals Präsident des Bundesamtes für Verfassungsschutz),[52] *Ulrich Seibert* (Ministerialrat im Bundesministerium der Justiz) in einer Reihe von Beiträgen besonders offen und instruktiv,[53] sowie

[42] Theorie und Praxis parlamentarischer Gesetzgebung – Besonders des 9. Deutschen Bundestages (1980–1983) (1988).

[43] Der Gesetzgeber (1997).

[44] Rechtssoziologie (2011) S. 172.

[45] Einführung in die Rechtssoziologie (2004).

[46] Rechtssoziologie (1987).

[47] Grundbegriffe der Rechts- und Staatssoziologie (3. Auflage 2012).

[48] Rechtssoziologie (8. Auflage 2014).

[49] Wege zu besserer Gesetzgebung, Gutachten 65. Deutscher Juristentag (2004) Band I Abschn. I; *Ders.*, Beilage zu NJW Heft 27/2004.

[50] Impulse und Initiativen zur Gesetzgebung, in Schreckenberger/Merten (Hrsg.), Grundfragen zur Gesetzgebung (2000) S. 33.

[51] Rationale Gesetzgebung (2015); *Ders.,* Rationale Gesetzgebung, ZG 2020 S. 91.

[52] Gesetzesinitiativen der Bundesregierung, in Kluth/Krings (Hrsg.), Gesetzgebung (2014) S. 191.

[53] Aus dem Entwurfs-Atelier der Gesetzgebung: Beobachtungen zur Denk- und Arbeitsweise des Gesetzgebungs-Referenten im Bundesministerium, FS Wiedemann (2002) S. 123; Aus dem Gesetzgebungsverfahren zur Änderung des § 67 AktG, FS Peltzer (2001) S. 469; Die Entstehung der Regelungen zur verdeckten Sacheinlage und zum „Hin- und Herzahlen" im MoMiG und im Aktienrecht, FS Maier-Reimer (2010) S. 673; Das Gesetzgebungsverfahren und die politischen Verhandlungen zum Gesetz zur Angemessenheit der Vorstandsvergütung vom Kabinettsbeschluss bis zu seinem Inkrafttreten (März bis

als Parlamentarier und gleichzeitig Rechtswissenschaftler *Heribert Hirte* (MdB und Stellvertretender Vorsitzender des Ausschusses für Recht und Verbraucherschutz),[54] ebenfalls besonders instruktiv.

Speziell zur Steuergesetzgebung haben sich eine Reihe von Bundestagsabgeordneten und Mitgliedern und Vorsitzenden des Finanzausschusses des Bundestages geäußert, u. a. *Friedhelm Rentrop* (ehemals MdB und Vorsitzender des Finanzausschusses des Bundestages);[55] *Hans H. Gattermann* (ehemals MdB und Vorsitzender des Finanzausschusses des Deutschen Bundestages);[56] *Ingrid Matthäus-Maier* (ehemals MdB und Vorsitzende des Finanzausschusses des Deutschen Bundestages);[57] *Reinhold Kreile* (ehemals MdB und Mitglied des Finanzausschusses des Deutschen Bundestages);[58] *Hansjörg Häfele* (ehemals MdB und Parlamentarischer Staatssekretär im BMF).[59]

Absolute Insider sind natürlich auch die Ministerialbeamten, die das Steuergesetz entwerfen und den gesamten Gesetzgebungsvorgang begleiten, von denen sich einige ebenfalls öffentlich geäußert haben: *Adalbert Uelner* (ehemals Ministerialdirektor und Leiter der Steuerabteilung im BMF);[60] *Gerhard Juchum* (ehemals

August 2009), FS Götte (2011) S. 487; Deutschland im Herbst – Erinnerungen an die Entstehung des Finanzmarktstabilisierungsgesetzes im Oktober 2008, FS Hopt Band II (2010) S. 2525; Die Entstehung des Frauenfördergesetzes, NZG 2016 S. 16; Die Regierungskommission Corporate Governance in Personen, FS Schmidt Band II (2019) S. 419.

[54] Das Gesellschaftsrecht und die Politik, FS Seibert (2019) S. 334.

[55] Erklärung des Preisträgers, StuW 1984 S. 169.

[56] Aufgaben und Arbeitsstil des Finanzausschusses, StuW 1988 S. 170, *ders.* in Raupach/Tipke/Uelner, Niedergang oder Neuordnung des deutschen Einkommensteuerrechts (1985) S. 202.

[57] In Raupach/Tipke/Uelner, Niedergang oder Neuordnung des deutschen Einkommensteuerrechts 1985 S. 198.

[58] Die Steuergesetzgebung aus der Sicht des Parlamentariers, StuW 1977 S. 1; *Ders.*, in Raupach/Tipke/Uelner, Niedergang oder Neuordnung des deutschen Einkommensteuerrechts? (1985) S. 194

[59] Steuervereinfachung: nur ein politisches Lippenbekenntnis? FS Meyding (1994) S. 51.

[60] Die Steuergesetzgebung in der Bundesrepublik Deutschland aus der Sicht des Ministerialbeamten, DStR 1977 S. 119; *ders.*, in Raupach/Tipke/Uelner,

Ministerialdirektor und Leiter der Steuerabteilung im BMF);[61] *Eckehard Schmidt* (ehemals Ministerialdirigent und Leiter der Steuerabteilung im Bayerischen Staatsministerium der Finanzen);[62] *Detlef Roland* (ehemals Ministerialrat im Bundesministerium der Finanzen) instruktiv am Beispiel des Jahressteuergesetzes 1996;[63] *Ludwig Kronthaler* (ehemals Regierungsdirektor im Bayerischen Staatsministerium der Finanzen);[64] *Ewald Doetsch* (ehemals Oberregierungsrat im BMF).[65] Häufig finden sich Aussagen zum Verfahren am Rande materieller steuerlicher Themen, etwa von *Bernd Beichelt* (ehemals Sekretär des Finanzausschusses des BT),[66] *H.-J. Krebs* (ehemals Ministerialrat im BMF);[67] *Jochen Thiel* (ehemals Ministerialdirigent und Leiter der Steuerabteilung FM NRW).[68]

Noch spezieller zu den Steuergesetzen, an deren Entstehung sie mitgewirkt haben, finden sich Äußerungen von Parlamentariern und Ministerialbeamten aus dem Bundesfinanzministerium und aus den Landesfinanzministerien, z.B. zur Erbschaftsteuergesetzgebung von *Lothar Binding* (Mitglied des Finanzausschusses des Deutschen Bundestages)[69] sowie *Michael Schmitt* (ehemals Ministerialdirigent und Leiter der Steuerabteilung im FM Baden-Württemberg);[70] *Ingo van Lishaut* (ehemals Ministerialrat im FM

Niedergang oder Neuordnung des deutschen Einkommensteuerrechts (1985) S. 175.

[61] Das Bohren dicker Bretter, FS Lang (2010) S. 395.

[62] Steuergesetzgebung, in FS Kirchhof Leitgedanken des Rechts Band II (2013) S. 1733.

[63] Jahressteuergesetz 1996 (1995); Steuergesetzgebung aus der Sicht des Verfahrens, FS Flick (1997) S. 93.

[64] Das Jahressteuergesetz 1997 (1996)

[65] Meine Erfahrungen mit dem Steuergesetzgeber, Liber Amicorum Gocke (2002) S. 31.

[66] Abbau der Gewerbesteuer, FS Ritter (1997) S. 321.

[67] Die Reform der Gewerbesteuer, FS Ritter (1997) S. 397.

[68] Wollen hab ich wohl, aber vollbringen das Gute finde ich nicht – Steuergesetzgebung in Deutschland, StuW 2005 S. 335.

[69] Z.B. in ifst, Gesammelte Positionen zu den Eckwerten der Erbschaftsteuerreform 2016 (2015) S. 4.

[70] Der mühsame Weg zu einem neuen Erbschaftsteuerrecht, FS Schaumburg (2009) S. 1079.

NRW);[71] *Gülsen Erkis* (Regierungsdirektorin im FM NRW);[72] *Norbert Weinmann* (ehemals Oberamtsrat im BMF).[73]

Die ebenfalls mit dem vor- und außerparlamentarischen Raum der Steuergesetzgebung vertrauten Verbandsvertreter berichten, soweit ersichtlich, von ihren praktischen Erfahrungen nicht oder nur am Rande.[74]

Offenbar wird das Thema in der Öffentlichkeit auch von denen gemieden, die etwas dazu sagen könnten. Z.B. haben sich in der Festschrift für Ebling (1999) zum Thema „Steuerreform" *Theodor Waigel* (Bundesminister der Finanzen a.D.), *Hermann Otto Solms* (MdB und Vizepräsident des Deutschen Bundestages), *Karl-Ludwig Thiele* (MdB und Stellvertretender Vorsitzender des Finanzausschusses des Deutschen Bundestages), *Jürgen Pinne* (Steuerberater, Präsident des Deutschen Steuerberaterverbandes), *Hans Günther Sänger* (WP/StB, Präsident der Steuerberaterkammer Hessen), *Heinz J. Rendels* (ehemals Ministerialdirektor und Leiter der Steuerabteilung im Bundesministerium der Finanzen) geäußert, aber alle nur inhaltlich zu (hauptsächlich gescheiterten) Steuerreformen und keiner zu dem gesetzgeberischen Verfahren.

Die Steuerrechtswissenschaftler, die Einblick in die Steuergesetzgebungsrealität gesucht haben, haben darauf ihre Monita der Qualität der Steuergesetze aufgesetzt, am deutlichsten *Klaus Tipke*[75] und *Joachim Lang*[76] sowie *Drüen, Hey, P. Kirchhof, Schön, Seer* und weitere.

---

[71] Das ErbStG 2016 – Innenansichten einer Reform, FS Crezelius (2018) S.587.

[72] Die Erbschaftsteuerreform 2016 – ein Rückblick, FS Crezelius (2018) S.505.

[73] Im ErbStG-Kommentar *Moench/Weinmann*.

[74] Z.B. *Alfons Kühn* (ehemals Leiter der Steuerabteilung im DIHT), Problemfelder der Steuerpolitik, FS Flick (1997) S.29.

[75] Zuletzt in Die Steuerrechtsordnung Bd.III (2.Aufl. 2012) S.1364, 1783.

[76] Über die Unfähigkeit deutscher Politik zur Steuervereinfachung, FS Spindler (2011) S.139.

b) Der vor- und außerparlamentarische Raum[77]

Für diejenigen, welche auf den Inhalt des Steuergesetzes Einfluss nehmen wollen, ist die Kenntnis der Innenseite der Gesetzgebung entscheidend wichtig: In den Köpfen welcher Menschen bilden sich die Ideen zu einem Steuergesetz? In welcher Phase des Verfahrens kann ich meine Wünsche und Forderungen anbringen, und vor allen Dingen, bei welchen Menschen? Denn je nach Phase der Gesetzesentstehung können andere Menschen beteiligt sein und haben Einfluss auf die Entscheidungen. Die „menschlichen Akteure" (im Gegensatz zu den Institutionen) der Steuergesetzgebung sind unten aufgezählt (S. 80). Viele der „gesetzgebenden Personen" sind allerdings – vor allem aufgrund der Personalunion in Parteien und staatlichen Institutionen – von Anfang bis Ende des Verfahrens involviert, gewissermaßen die Spinnen im Netz. Das gilt z. B. für die Parteivorsitzenden der regierenden Parteien, die Fraktionsvorsitzenden und Ausschussvorsitzenden und die Leitung des Bundesfinanzministeriums sowie dessen Steuerabteilung.

Die erste Idee oder Initialzündung oder der Impuls zu dem Gesetz entstehen naturgemäß zeitlich weit vor seiner Einbringung in den Bundestag, bisweilen als flüchtige Idee, manchmal schon relativ konkret:[78] In den Grundsatzprogrammen der Parteien, in den Wahlprogrammen der Parteien, Parteibeschlüssen oder speziellen Programmen oder Positionspapieren, aus den Fraktionen des Bundestages, in Eingaben einzelner Politiker oder Gruppen von Politikern, in Eingaben von Steuerpflichtigen und ihren Verbänden, in Anregungen aus der Ministerialbürokratie, in Initiativen eines

[77] Anschaulich *Schmölders*, Finanzpolitik (3. Aufl. 1970) S. 119 § 16 Der vorparlamentarische Raum; *Uelner*, Steuergesetzgebung aus der Sicht des Ministerialbeamten, DStR 1977 S. 119, 121.

[78] Vgl. allgemein *Zeh*, Impulse und Initiativen zur Gesetzgebung, in Schreckenberger/Merten (Hrsg.), Grundfragen zur Gesetzgebung (2000) S. 33; *Schulze-Fielitz,* Theorie und Praxis parlamentarischer Gesetzgebung (1988) S. 266, 280; *Smeddinck*, Integrierte Gesetzesproduktion (2006) S. 130 § 9 Produktionsanlässe für Gesetze.

Bundeslandes, in Koalitionsverträgen, Beschlüssen des Koalitionsausschusses, in Kabinettsdiskussionen, in Regierungserklärungen, aufgrund überstaatlicher Pflichten z. B. in der Europäischen Union (heute quantitativ an erster Stelle), durch eine Entscheidung des Bundesverfassungsgerichts oder des Bundesfinanzhofs, Anregungen von anderen Ministerien, Anregungen des Bundesrechnungshofs, alles häufig als **Agenda Setting** bezeichnet. In den letzten Jahrzehnten ist häufigkeitstypisch die Koalitionsvereinbarung der Regierungsparteien. Jede von ihnen enthält auch Absichten zu Steuerrechtsänderungen. Für die inhaltlichen Grundentscheidungen ist diese Phase der Steuergesetzgebung am wichtigsten.

Die Spitze des Bundesfinanzministeriums nimmt die Impulse auf und weist die Fachabteilungen, insbesondere die Steuerabteilung, an, zur Umsetzung der Zielvorgaben Vorschläge zu machen und zu sammeln, zu entwickeln und Vorentscheidungen zu prüfen. In diesem Stadium wird das Bundeskanzleramt über das beabsichtigte Rechtssetzungsverfahren informiert, im Regelfall durch ein Informationsschreiben an den zuständigen Abteilungsleiter im Bundeskanzleramt. Das Vorhaben wird inhaltlich dargestellt, seine Notwendigkeit begründet, eine Prognose zur Realisierbarkeit abgegeben, Ausführungen zur Zustimmungsbedürftigkeit gemacht, und eine Prognose zur Akzeptanz, d. h. zur Aufnahme des Vorhabens in der Öffentlichkeit gegeben.

Wenn das Bundeskanzleramt dem Vorhaben zustimmt oder es selbst schon initiiert hatte, entwickelt die Steuerabteilung des Bundesfinanzministeriums erste Formulierungen. Währenddessen finden bilaterale Kontakte auf Fachebene mit den anderen Bundesministerien (Ressorts) und den kommunalen Spitzenverbänden statt, selten schon mit den Ländern, und wenn, dann mit denen der „eigenen Partei", wie es etwa die Finanzminister *Lafontaine* und *Eichel* mit Nordrhein-Westfalen handhabten. Es kann, muss aber nicht, auch jetzt schon Kontakte zu Fachkreisen und Verbänden geben. Diese Kontakte können in diesem Stadium unterbleiben und unterbleiben auch oft, wenn es sich um politisch umstrittene Themen und Maßnahmen handelt. Die Aktivitäten der Steuerabteilung münden in sog. **Eckwerte** oder einen sog. **Diskussionsentwurf,** die dem für die Steuerabteilung zuständigen beamteten Staatssekretär vorgelegt werden, der ihn dem Bundesfinanzminister vorlegt. Nach Billigung durch den Minister finden sog. Ressortbesprechungen mit den beteiligten Ressorts statt, die durchaus ihre Vorstellungen einbringen, häufig als schlichtes „Nein" zum Entwurf. Die Bundesministerien des Inneren und der Justiz prüfen Verfassungsfragen. Selten wird der Diskussionsentwurf schon den Ländern übermittelt (so z. B. bei der AO-Reform 1977).

Nach den Ressortbesprechungen geht der dann sog. **Referentenentwurf** an die Fraktionen des Bundestages und den Bundestag und kann auch schon an die Verbände und Fachkreise gehen. Es kann eine öffentliche Anhörung folgen, an der zahlreiche Verbände, Sachverständige etc. teilnehmen (§ 47 GGO), die aber bei „Eilbedürftigkeit" unterbleibt.

Wenn der Bundesfinanzminister den Referentenentwurf übernimmt, geht er zur Prüfung seiner Rechtsförmlichkeit an das Justizministerium, danach als Vorlage an das Kabinett. Das Kabinett beschließt den Entwurf, der damit **Regierungsentwurf** wird. Danach beginnt das oben beschriebene Verfahren mit der Einbringung in den Bundestag.

Wer schon in der Phase der ersten politischen Willensbildung des Agenda setting (Wahlprogramm, Parteibeschluss, Koalitionssondierungen, Koalitionsvertrag, Regierungserklärung) Einfluss nehmen kann, hat einen unschlagbaren Wettbewerbsvorteil, weil sich alles noch unterhalb der Wahrnehmungsschwelle der Öffentlichkeit abspielt. Einem Politiker eine Biersteuererhöhung beim gemeinsamen Bierchen auszureden, ist für einen Vertreter der Brauindustrie selbstverständlich ein Volltreffer. Ein MdB und Vorsitzender des Finanzausschusses des Bundestages wusste: „Gesetzgebung beginnt in den untersten Beschlussgremien politischer Parteien".[79] Ein politischer und gleichzeitig rechtswissenschaftlicher Profi sekundierte: „Wer also … etwas verändern will, muss daher

[79] *Rentrop,* StuW 1984 S. 169.

versuchen, auf eben diese Programme [der Parteien] im Vorfeld und zwar lange im Vorfeld, einzuwirken."[80] Ein Lobby-Rechtsanwalt empfahl: „Nur wer die diversen Gesetzesvorhaben bereits bei ihrer Entstehung begleitet, hat eine Chance, die besonderen Interessen der Privatunternehmen durchzusetzen."[81]

Das nächste große „Einfallstor" ist die Phase der Formulierung des Referentenentwurfs durch die Ministerialbeamten. Die Beamten können auswärtigen Sachverstand heranziehen und selbstverständlich können sich auch Interessenten ohne Aufforderung mit ihren Anliegen an das Bundesfinanzministerium wenden.

„Offiziell" ist dann wieder die Anhörung und Einholung von Stellungnahmen zu dem Referentenentwurf. Das ist die zentrale Gelegenheit für alle „Interessenvertreter", ihre Anliegen anzubringen. Diese Verbändemitwirkung wird in der Öffentlichkeit gerne in ein schlechtes Licht gesetzt („Lobbyeinfluss"). Zu Unrecht. Sie ist rechtlich vorgeschrieben (§ 47 Abs. 1 GGO) und in der Sache auch für den Gesetzgeber wertvoll, wie US-Präsident *John F. Kennedy* (als Senator) vor 60 Jahren erkannt hatte:

> Lobbyisten sind in vielen Fällen ausgesprochene Fachleute und in der Lage, die kompliziertesten und schwierigsten Probleme klar und verständlich zu machen. … Tüchtige Lobbyisten können die überzeugendsten Argumente für ihre Position vorlegen. In der Tat, es gibt nichts Wirkungsvolleres, um die wichtigen Argumente und Tatsachen bei Kontroversen kennenzulernen, als opponierende Lobbyisten anzuhören. Oft genug bringen sie Statistiken und Informationen, die man sonst nicht bekommen kann.[82]

Das Lobbyregistergesetz vom 16.4.2021 und der Verhaltenskodex (Anlage 2a zu GOBT) geben dazu einen Rechtsrahmen (unten S. 142).

---

[80] *Hirte*, Das Gesellschaftsrecht und die Politik, FS Seibert (2019) S. 350.
[81] *Hennerkes*, Familienunternehmen sichern und optimieren (1999) S. 230.
[82] Zitiert nach *Schmölders*, Finanzpolitik (3. Aufl. 1970) S. 120 Fn. 158.

Selbstverständlich hört die Diskussion während des grundgesetzlichen Gesetzgebungsverfahrens nicht auf. Häufig entfaltet sie erst dann ihre volle Lautstärke und Intensität, nachdem die Gesetzentwürfe einer breiteren Öffentlichkeit bekannt geworden sind.

Bei einem Regierungsentwurf geht es um die Einflussnahme auf die Stellungnahme des Bundesrates, d. h. praktisch über ein Land, das sich dann im Sinne des Interessenten in seiner Stellungnahme zu dem Regierungsentwurf stark macht.

Die Abgeordneten des Finanzausschusses als des für die Steuergesetzgebung entscheidenden Organs des Bundestages (siehe unten S. 66) sind die prominentesten Ansprechpartner der Einflussnahme.[83]

Einzelne Abgeordnete können dafür gewonnen werden, sich in der 2. Lesung des Bundestages für das Anliegen der Interessenten einzusetzen.

Nächste Phase nach dem Gesetzesbeschluss des Bundestages ist wiederum der Bundesrat, wo erneut über die Länder versucht werden kann, Einfluss zu nehmen.

Wenn das Gesetz in den Vermittlungsausschuss geht, kommt es für die Interessenten darauf an, Mitglieder des Vermittlungsausschusses in ihrem Sinne zu beeinflussen.[84]

Nachdem der Bundestag und der Bundesrat „das letzte Wort" gesprochen haben und nur noch der Bundespräsident unterschreiben muss, „geht nichts mehr", sollte man meinen. Manche geben auch dann nicht auf und versuchen den Bundespräsidenten dazu zu bewegen, das Gesetz nicht zu unterzeichnen (unten S. 150).

---

[83] Zur Arbeitsweise der Bundestagsausschüsse allgemein informativ *Schulze-Fielitz*, Theorie und Praxis parlamentarischer Gesetzgebung (1988) S. 304.

[84] Vgl. *Axer*, Die Kompetenz des Vermittlungsausschusses. Dargestellt am Beispiel des Steuergesetzgebungsverfahrens (2010).

Nach alledem ist offenbar, dass das Verfahren zur Entstehung eines Steuergesetzes (normalerweise) kein Ruckzuck im Bundestag und Bundesrat ist, sondern unter Beteiligung von ein paar hundert Menschen in einem relativ komplizierten Verfahren zustande kommt, das in vielen seiner Phasen Einflussnahmen auf die in den gesetzgebenden Organen aktiven Menschen zulässt. Die Medien haben das erkannt. In ihrer Berichterstattung spielt der eigentliche gesetzgeberische Akt (in Bundestag und Bundesrat) kaum noch eine Rolle. Ganz im Mittelpunkt stehen die politischen Diskussionen und Entscheidungen davor und daneben, sowie die Aktivitäten der nicht im Grundgesetz genannten Akteure (dazu folgend).

Die Innenseite der (Steuer-)Gesetzgebung ist (besonders für Jurastudenten, die das Gesetzgebungsverfahren des Grundgesetzes lernen) weitgehend terra incognita und „dem Blick der Öffentlichkeit zumeist aus guten Gründen entzogen“[85] und, wenn sie zufällig einmal bekannt wird, der Mauschelei, Lügerei, gar Korruption verdächtig. Das ist falsch. Anders als auf diese Weise können in einem demokratischen System Gesetze nicht zustande kommen. Die Vorstellung, dass dieses ohne Mitwirkung der von den Gesetzen betroffenen Menschen durch ein paar erleuchtete Politiker und Beamte ohne Anhörung und Mitwirkung der „Untertanen“ geschehen könnte, ist naiv.

Für Juristen interessant ist, dass das ganze vor- und außerparlamentarische Verfahren nach h. M. nicht justiziabel ist. Der Gesetzgeber schuldet ein Gesetz, aber kein gutes Gesetz.[86]

[85] *Blum*, Wege zu besserer Gesetzgebung, NJW Beilage zu Heft 27/2004 S. 50; *Koch*, Aktuelle steuerpolitische und steuerrechtliche Fragen, StbJb 1978/79 S. 72.

[86] Vgl. allgemein *Meister-Scheufelen*, Schuldet der Gesetzgeber ein gutes Gesetz? ZG 2018 S. 231; *Höscheid/Menenbach*, Das Gesetz ist das Ziel: Zum Zusammenhang zwischen gutem Verfahren und gutem Gesetz, DÖV 2008 S. 139; zum Steuerrecht *Hey*, Steuergesetzgebungslehre, StuW 2019 S. 18.

6.

Die Akteure der Gesetzgebung

Die Parteien des Steuerkampfes sind der Staat und die Steuerpflichtigen, wie schon *Alfred Schäffle* beschrieben hat (S. 35). Sie sind aber nicht seine Akteure. Denn was ist der Staat? Die juristische Person Bundesrepublik Deutschland? Die juristischen Personen ihrer Untereinheiten? Und was sind die Steuerpflichtigen? Alle 82 Mio. Menschen, die in Deutschland leben und zusätzlich die mehr als 3 Millionen Unternehmen (Kapitalgesellschaften, Personengesellschaften, Einzelunternehmen), die in Deutschland aktiv sind? Tatsächlich liegt es wesentlich differenzierter. Beide Parteien setzen sich aus einer Vielzahl von Institutionen und Personen zusammen, und dazu kommt noch eine erhebliche Anzahl von „Begleitfischen", die im Steuerkampf „mitspielen". *Ihering* hätte sie die „Kombattanten" genannt.

Juristisch interessant ist die Unterschiedlichkeit ihrer rechtlichen Verankerung im Gesetzgebungsverfahren. Formell abgesichert sind die schon erwähnten Bundesregierung, Bundestag und Bundesrat. Aber inhaltlich sind die „informellen Akteure", wie sie oft genannt werden,[87] mindestens ebenso bedeutend.

a) Der Staat

Wenn wir den Staat in diejenigen seiner „Einzelakteure" aufgliedern, die im Kampf um das Steuerrecht mitwirken, ergibt sich eine ganz ungewöhnliche Vielzahl und Vielfalt von Institutionen und

---

[87] *E. Schmidt*, Steuergesetzgebung, FS Kirchhof (2013) S. 1733.

Personen.[88] Insbesondere ist der Gesetzgeber kein Monolith, wie der juristische Gebrauch des Wortes suggeriert.

Politische Parteien. Als Akteure im Gesetzgebungsverfahren des Bundes nennen die Artikel 76 bis 82 GG den Bundestag, die Bundesregierung, die Mitte des Bundestags (gemeint Abgeordnete), den Bundesrat, den Vermittlungsausschuss und den Bundespräsidenten. Die wichtigsten Akteure, nämlich die politischen Parteien, sind dort nicht erwähnt.

Im Rechtssinne des Grundgesetzes sind die Parteien nicht Teil des Staates. Aber faktisch sind sie für die Gesetzgebung die entscheidenden Institutionen (weshalb sie „systemwidrig“ hier behandelt werden). Gemäß Art. 21 Abs. 1 Satz 1 GG wirken die Parteien bei der politischen Willensbildung des Volkes mit. Das ist weit untertrieben. In der Rechtswirklichkeit machen sie die politische Willensbildung des Volkes fast gänzlich aus.[89] Zwar geht gem. Art. 20 Abs. 2 GG alle Staatsgewalt vom Volke aus. Sie wird vom Volk in Wahlen und Abstimmungen und durch besondere Organe der Gesetzgebung, der vollziehenden Gewalt und der Rechtsprechung ausgeübt. D. h. dass das Volk Staatsgewalt nur durch Wahl und Abstimmung ausüben kann. Danach ist es machtlos. Die von ihm gewählten Abgeordneten sind von ihm unabhängig (Art. 38 GG). Selbst bei den Wahlen kann es nur die Menschen wählen, die die Parteien – geheim – aufgestellt haben, weshalb die sog. sicheren Listenplätze in Wirklichkeit nicht vom Volk, sondern von der Parteiorganisation „gewählt“ werden. Die besonderen Organe der Gesetzgebung und der vollziehenden Gewalt werden nicht vom Volk beherrscht, sondern von den Parteien. Das zeigt schon die Personalunion in den gesetzgebenden Institutionen. Sämtliche Abgeordnete

[88] Vgl. allgemein *Smeddinck*, Integrierte Gesetzesproduktion (2006) S. 75 § 7 Akteure der Gesetzgebung.

[89] Z. B. *Towfigh*, Das Parteien-Paradox: Ein Beitrag zur Bestimmung des Verhältnisses von Demokratie und Parteien (2015); *Di Fabio*, Brücken zur Politik, in Oswald (Hrsg.), Das Grundgesetz – Ein literarischer Kommentar (2022) S. 262; allgemein *Grimm*, Politische Parteien, in Benda/Maihofer/Vogel (Hrsg.), Handbuch des Verfassungsrechts der Bundesrepublik Deutschland (2. Aufl. 1994) S. 599.

des Deutschen Bundestages gehören einer politischen Partei an (obwohl ein parteiloser Abgeordneter möglich wäre), ebenso sämtliche Mitglieder der Bundesregierung. Parteilose Minister wären möglich (und hat es auch schon gegeben), sind aber wenig realistisch. Die Mitglieder der Landesregierungen, die den Bundesrat ausmachen, gehören Parteien an. Deswegen beschreibt der Sprachgebrauch von den „regierenden Parteien“ die Rechtswirklichkeit besser als das Grundgesetz. Im Kern sind die gesetzgebenden Institutionen (außer der Ministerialbürokratie) Parteiveranstaltungen.

Die Programme aller Parteien widmen sich (auch) der Steuerpolitik. In den Wahlkampfprogrammen zur Bundestagswahl im September 2021 äußerte sich jede Partei zur Steuerpolitik. Auf jeden Fall gibt es kein einziges Steuergesetz, das ohne Zustimmung der regierenden politischen Parteien Gesetz werden kann.

Nun sind die Parteien keineswegs „ein Block“. Innerhalb ihrer bestehen zahlreiche Vereinigungen, Kreise, Zirkel,[90] die sich auch dem Steuerrecht widmen. Bei der CDU die Mittelstands- und Wirtschaftsvereinigung und der Bundesfachausschuss Wirtschaft, Arbeitsplätze und Steuern, bei der SPD das Wirtschaftsforum der SPD, die Arbeitsgemeinschaft der Selbständigen in der SPD, bei der FDP Liberaler Mittelstand e. V. Sie alle sind – oft einflussreiche – „Mitspieler“ der Steuergesetzgebung.

Die **Bundesregierung** ist das zentrale gesetzlich vorgesehene Initiativorgan der Gesetzgebung. Sie besteht aus dem Bundeskanzler und aus den Bundesministern (Art. 62 GG). Im Bundeskanzleramt ist für die Steuergesetzgebung dessen Abteilung Wirtschafts-, Finanz- und Energiepolitik zuständig.

Das detaillierte Formulieren der Gesetze findet in den Bundesministerien statt. Für Steuergesetze ist das federführende Ministerium das **Bundesministerium der Finanzen,** innerhalb dessen die Steuerabteilung sowie die Abteilung Finanzpolitische und volkswirtschaftliche Grundsatzfragen. Auch andere Ministerien haben

[90] Vgl. *Hofmeister*, Parteien gestalten Demokratie (2021) S. 197.

Abteilungen und Referate für die Steuern, etwa das Bundesministerium für Wirtschaft. Stets beteiligt ist das Justizministerium. Die anderen Ministerien, die von Steuervorhaben betroffen sein können, verfügen über hierfür zuständige Abteilungen und Referate wie das Bundesministerium für Arbeit und Soziales, für Ernährung und Landwirtschaft, für Familie, Senioren, Frauen und Jugend.

Der **Bundestag.** Die Abgeordneten des Bundestages beschließen das Steuergesetz. Die „Entscheidungseinheiten" innerhalb des Bundestages sind die **Fraktionen,** also alle Abgeordneten einer Partei.[91] Sie haben ihrerseits Unterorganisationen, die sich der Besteuerung widmen. In der SPD-Fraktion die Arbeitsgruppe Finanzen und Haushalt, in der CDU/CSU-Fraktion die Arbeitsgruppen Wirtschaft und Energie, Finanzen und Haushalt, der Parlamentskreis Mittelstand, in der CSU-Landesgruppe der CDU/CSU-Fraktion die Arbeitskreise Wirtschaft und Energie, Finanzen und Haushalt, in der Grünen-Fraktion die Arbeitskreise Finanzpolitik und Auslandspolitik, in der FDP-Fraktion die AG Steuern und Finanzen.

Der **Finanzausschuss des Bundestages** ist das zentrale Organ des Parlaments für Steuergesetze (schon S. 43). Ohne seinen Sachverstand ist das Parlament steuerlich impotent. Er ist mit Abgeordneten mit „Nähe zum Steuerrecht" aus allen Parteien entsprechend deren Stärke im Bundestag besetzt und spiegelt somit die dortigen Mehrheitsverhältnisse wider. Daraus folgt, dass die Regierungsparteien im Finanzausschuss ihre Vorstellungen durchsetzen können. Daraus folgt aber nicht, dass der Finanzausschuss nur ein „Abnicker-Gremium" zu den Gesetzentwürfen der Bundesregierung sei. Der Ausschuss kann durchaus ganze Gesetzesentwürfe oder wichtige Passagen daraus ablehnen, ebenso wie Einzelheiten ändern und tut das auch.[92] Der Ausschuss hat einen Vorsitzenden und einen stellvertretenden Vorsitzenden, die Fraktionen haben Obleute bzw. Sprecher. Zentral sind die Berichterstatter zu dem

[91] *Hofmeister,* Parteien gestalten Demokratie (2021) S. 327.

[92] *Gattermann,* Aufgaben und Arbeitsstil des Finanzausschusses, StuW 1988 S. 170.

Gesetzentwurf. Der amtierende Finanzausschuss besteht aus 45 Abgeordneten. Die Ausschusssitzungen sind grundsätzlich nicht öffentlich. Das erhöht die Qualität der Beratung wesentlich, weil Schau-, Wahlkampf- und Gesichtswahrungsaspekte entfallen können. Der Ausschuss kann öffentliche Anhörungen veranstalten, zu denen er Experten nach Vorschlägen der Fraktion einlädt, die gewöhnlich aus den Spitzenverbänden der Wirtschaft, Gewerkschaften, der Wissenschaft, betroffenen Berufsgruppen, Nichtregierungsorganisationen kommen. Nachteilig ist, dass die Fraktionen solche Vertreter benennen, von denen sie eine Unterstützung ihrer eigenen Position erwarten. Die Ministerialbürokratie spielt im Ausschuss eine wichtige Rolle, als sie dessen Mitgliedern alle Aspekte auf Nachfrage bis ins kleinste Detail erläutern muss. Das Verfahren endet nach zwei Lesungen im Ausschuss mit Abstimmungen zu einer Beschlussempfehlung und einem Bericht an das Plenum des Deutschen Bundestages zu der ggf. geänderten Fassung des Gesetzes.

Bei Steuergesetzen sind der **Rechtsausschuss** und **Haushaltsausschuss** stets beteiligt, der **Ausschuss Wirtschaft und Energie** ebenfalls und andere nach Betroffenheit.

Eher ein Schattendasein führt der **Petitionsausschuss.** Bei ihm pflegen (auch) zu Steuergesetzgebungsverfahren Petitionen von Bürgern einzugehen, die Vorschläge für das Gesetz machen. Der Petitionsausschuss übermittelt diese Vorschläge dem Finanzausschuss, der dazu Stellung nimmt und das dokumentiert.

Der **Bundesrat** bildet die „2. Kammer“ des parlamentarischen Regierungssystems. Über ihn wirken die Länder an der Gesetzgebung und an der Verwaltung des Bundes sowie in Angelegenheiten der Europäischen Union mit (Art. 50 GG). Der Bundesrat besteht aus Mitgliedern der Landesregierungen, die von diesen bestellt und abberufen werden. Die Anzahl bemisst sich nach der Einwohnerzahl des Landes. Der gegenwärtige Bundesrat hat 69 Mitglieder. Die Mitglieder eines Landes können nur einheitlich abstimmen. Die für Steuersachen wichtigen Kompetenzen des

Bundesrates sind sein Recht zur Gesetzesinitiative (Art. 76 Abs. 1 GG) und vor allem, dass die meisten Steuergesetze als sog. Zustimmungsgesetze seiner Zustimmung bedürfen (Art. 105 Abs. 3 GG). Daraus folgt, dass der Bundesrat bei unterschiedlichen politischen Mehrheiten in Bundestag und Bundesrat eine Veto-Funktion hat.

Ebenso wie der Bundestag verfügt auch der **Bundesrat** über einen **Finanzausschuss** (vgl. Art. 52 Abs. 4 GG), der die Gesetzesvorlagen der Bundesregierung und anderer „auf Herz und Nieren" prüft und ggf. die Stellungnahme zu dem Regierungsentwurf fertigt. Die Steuerkompetenz des Bundesrats sitzt hier. Die Mitglieder können auch Nicht-Mitglieder des Bundesrates sein. Bei Verhinderung werden sie durch den Bundesratsreferenten („Finanzreferenten") vertreten, der regelmäßig nicht aus der Steuerabteilung, sondern aus dem Leitungsstab oder der finanzpolitischen Abteilung kommt. Die Finanzreferenten beraten die TOP des Finanzausschusses vor und sortieren unstreitige Punkte aus. Die Mitglieder des Finanzausschusses können sich von Steuerfachbeamten begleiten lassen, die nur beraten und nur mit Zustimmung des Vorsitzenden das Wort ergreifen dürfen.

Die **Opposition.** Im Gesetzgebungsverfahren ist die Opposition die Gesamtheit der im Bundestag vertretenen Parteien, die nicht Regierungsparteien sind. Ihre Aufgabe ist die Kontrolle der Regierung (die demokratietheoretisch dafür auch gedachten Regierungsparteien tuen das nicht, sondern unterstützen die Regierung). Mit ihren Mitteln will sich die Opposition den Weg zur Macht ebnen, denn „Opposition ist Mist" (SPD-Vorsitzender *Franz Müntefering*). Die Opposition hakt gewöhnlich bei „massenwirksamen" Steuergesetzen ein, um sich gegenüber den Wählern zu profilieren. Eine technische Änderung im Umwandlungssteuergesetz interessiert sie nicht, es sei denn, Außenstehende hätten sie dahin beeinflusst.

Die Opposition gegen Steuergesetze bildet keineswegs einen homogenen Block gleicher Ansichten.[93] Vielmehr finden sich hier

[93] Zur Rolle der Opposition *Tipke*, Die Steuerrechtsordnung Band III (2. Aufl. 2012) S. 1376; *Gast/Grottke/ Kittel,* Politische Kontrolle in der Gesetz-

frei von der Regierungsdisziplin ganz gegensätzliche Auffassungen, die auch nicht vorher abgestimmt werden – anders als bei den Regierungsparteien. Z. B. sind die Linken und die AfD auch steuerlich häufig unterschiedlicher Auffassung.

Der **Vermittlungsausschuss** ist ein gemeinsamer Ausschuss des Bundestages und des Bundesrates (Art. 77 Abs. 2 GG). Der Vermittlungsausschuss dient der Kompromissfindung, falls Bundestag und Bundesrat sich über ein Gesetz nicht einig sind. Da Steuergesetze in der Regel der Zustimmung des Bundesrates bedürfen, ist die Rolle des Vermittlungsausschusses in Großen Koalitionen gering, weil im Bundestag und Bundesrat die gleichen Mehrheiten herrschen. Ganz anders dagegen, wenn im Bundesrat eine andere politische Mehrheit herrscht und diese das Gesetz „blockiert", was bei Steuergesetzen von sämtlichen Parteien praktiziert worden ist.[94] Der Vermittlungsausschuss wird dann der zentrale Ort des steuerpolitischen Geschehens,[95] eine Art „Überparlament".[96]

Der Vermittlungsausschuss besteht aus 32 Mitgliedern, die je zur Hälfte dem Bundestag und dem Bundesrat angehören. Die Mitglieder des Bundestages müssen der Stärke nach den dort vertretenen Fraktionen entsprechen (Spiegelbildlichkeit). Die Mitglieder des Bundesrates werden von den 16 Landesregierungen entsandt. Von Seiten des Bundestages sind Mitglieder in der Regel die parlamentarischen Geschäftsführer der Fraktionen und erfahrene Abgeordnete, von Seiten der Länder gewöhnlich deren Ministerpräsidenten bzw. Minister der Schlüsselressorts Finanzen, Inneres, Justiz. Die Mitglieder sind also Generalisten, keine (Steuer-) Fachleute. Es kommt vor, dass dem Vermittlungsausschuss nicht ein einziger Steuerexperte angehört. Steuerfachbeamte sind nicht

gebung: Zu Rolle und Einfluss von Medien, Interessengruppen und Oppositionsparteien – eine Fallstudie am Beispiel des Steuervereinfachungsgesetzes 2011, ZG 2014 S. 43.

[94] Vgl. *Tipke*, Die Steuerrechtsordnung Bd. III (2. Aufl. 2012) S. 1790, 1807.

[95] *M. Schmitt*, Der mühsame Weg zu einem neuen Erbschaftsteuer- und Bewertungsrecht, FS Schaumburg (2009) S. 1094.

[96] *Gaddum* (Finanzminister Rheinland-Pfalz), Steuerpolitik aus der Sicht der Länder, StbJb 1979/80 S. 29, 31.

anwesend (außer dem Ausschusssekretär und oft dem beamteten Staatssekretär oder Leiter der Steuerabteilung im BMF). Weitere Beamte der Ministerialbürokratie sind während der Sitzungen des Vermittlungsausschusses in Rufweite. Sie sitzen vor dem Sitzungssaal auf dem Gang und warten darauf, ob sie hereingerufen werden. Aus der Erwartung einer „guten“ Gesetzgebung ist die Abwesenheit der Steuerexpertise natürlich skurril, weil im Vermittlungsausschuss nur die hoch streitigen Punkte landen. Ausgerechnet dort entscheiden die, die fachlich „keine Ahnung haben“. Ein Gesetzgebungsinsider urteilte zum Jahressteuergesetz 1997:

> Das Ergebnis der Beratungen im Vermittlungsausschuss zeigt wieder einmal mehr deutlich, dass derartig diffizile Fragen umso unbeschwerter entschieden werden, je geringer der Sachverstand ist.[97]

Freilich berichten andere gegensätzlich, dass gerade diese fachliche „Ahnungslosigkeit“ häufig zu vernünftigeren Resultaten führt als die Diskussion zwischen hochgradigen Experten. Im Vermittlungsausschuss wird kein Protokoll über Beiträge geführt, sondern nur entschieden, und auch nicht schriftlich begründet. Die Beamten im Zugriff werden sodann angewiesen, der Entscheidung die rechtsrichtige Formulierung zu geben. Das kann ausgesprochen stressig sein und auch einmal die Zeit zwischen Weihnachten und dem Jahreswechsel verderben.

Der **Bundespräsident** ist die „letzte Instanz“ des Gesetzgebungsverfahrens vor der Verkündung im Bundesgesetzblatt. Nach h. M. gibt Art. 82 GG ihm das Recht, das Gesetz auf seine formelle und materielle Verfassungsmäßigkeit zu überprüfen und es verneinendenfalls nicht auszufertigen.[98] Das ist für die Erbschaftsteuer relevant geworden und war Grund für den Apell einzelner Wissenschaftler an ihn, das ErbStG wegen Verfassungswidrigkeit nicht auszufertigen (S. 150).

---

[97] *Franz Klein* (langjährig „gesetzgebend“ in der Ministerialbürokratie, später Präsident des BFH), Verfassungsmäßigkeit der Neuregelung der Erbschaftsteuer durch das Jahressteuergesetz 1997, FS Flick (1997) S. 327, 336.

[98] Für viele Sachs/*Mann*, Grundgesetz (9. Aufl. 2021) Art. 82 Rz. 6–17.

In den **Länderregierungen** gestalten mit den Ministerpräsidenten die Länderfinanzministerien und deren Steuerabteilungen die Steuerpolitik.

Die **Ministerpräsidentenkonferenz** der Länder ist ein im GG nicht vorgesehenes freiwilliges Organ zur Koordinierung der Länderinteressen, das viermal im Jahr und nach Bedarf tagt. Die (SPD-geführten) sog. A-Länder und die (Unions-geführten) sog. B-Länder stimmen sich intern vorher ab. Es werden dort auch Steuerfragen entschieden, z.B. wenn die Länder-Finanzminister sich nicht einigen können.

Die **Finanzministerkonferenz** der Länder ist ein ebenfalls im GG nicht vorgesehenes freiwilliges Organ der Länder, das mindestens zehnmal im Jahr tagt und finanzpolitische Fragen von überregionaler Bedeutung entscheidet.

Die **Gemeinden** sind keine eigenständige föderale Ebene, sondern Bestandteil der Länder. Sie sind im GG nicht als Akteure der Gesetzgebung erwähnt, haben aber rechtstatsächlich eine starke Stellung. Ihnen sind die Entwürfe der Gesetzesvorlagen gem. § 47 GGO „möglichst frühzeitig zuzuleiten". Anders als in der Vergangenheit über die Länder „beliefert" die Bundesregierung seit den 1990iger Jahren die Gemeinden über deren Spitzenorganisationen Deutscher Städtetag und Deutscher Landkreistag direkt mit Gesetzentwürfen. Diese bündeln die Stellungnahmen ihrer Mitglieder und übermitteln sie dem Gesetzgeber, eine Machtverschiebung zu Lasten der Länder. Erfahrungsgemäß hat ein Steuergesetz gegen die „Bürgermeisterfraktion" kaum eine Chance, wie das Schicksal aller bisherigen Reformanläufe zur Gewerbesteuer belegt.

Der **Nationale Normenkontrollrat** ist ein (bis 2022 beim Bundeskanzleramt, ab 2022 beim Justizministerium eingerichtetes) unabhängiges Beratungs- und Kontrollgremium der Bundesregierung mit dem Ziel, unnötige Bürokratie und gesetzliche Folgekosten zu begrenzen und abzubauen, sowie bei der besseren

Rechtsetzung zu unterstützen.[99] Diese sollen für Bürger, Unternehmen und Verwaltung im Gesetzgebungsverfahren deutlich und nachvollziehbar ausgewiesen werden und damit den Entscheidern in Regierung und Parlament helfen, sich die Konsequenzen bewusst zu machen, bevor sie entscheiden. Mit der Begründung, dass die Gesetze immer schlechter würden, hat in seinem Auftrag die Unternehmensberatungsfirma McKinsey & Company im Oktober 2019 ein Gutachten „Erst der Inhalt, dann die Paragraphen, Gesetze wirksam und praxistauglich gestalten" veröffentlicht mit Vorschlägen für ein besseres Gesetzgebungsverfahren. Soweit ersichtlich, haben sich daraus Weiterungen für die Steuergesetzgebung bisher nicht ergeben. Kein Politiker lässt sich in sein Proprium Steuergesetzgebung hineinreden. Die Bundesregierung bemüht sich um bessere Rechtsetzung. Die Arbeitsprogramme „Bessere Rechtsetzung 2016" und „Bessere Rechtsetzung und Bürokratieabbau 2018" erklärten als Ziel, „Recht einfach, verständlich und zielgenau auszugestalten sowie Belastungen, die durch rechtliche Regelungen entstehen, spürbar zu reduzieren." Mit Kabinettsbeschluss vom 22.6.2016 sollte ein Zentrum für Rechtsetzung eingerichtet werden. Es ist jetzt bei dem Normenkontrollrat angesiedelt. In dem Arbeitsprogramm 2016 heißt es:

> „Schule der Legistik"
>
> Zur Steigerung der handwerklichen Qualität von Gesetzesvorlagen wird eine Qualifizierungsoffensive eingeleitet. Verfasserinnen und Verfassern von Gesetzentwürfen sollen Kenntnisse über moderne Methoden zur strukturierenden Problemlösung, zur Nutzung vorhandener wissenschaftlicher Erkenntnisse, zur Entwicklung von Alternativen und zum empirischen Testen ihrer Wirksamkeit sowie zur Evaluierung vermittelt werden. Dabei sollen Fähigkeiten zur Erstellung zielgenauer und verständlicher Gesetzestexte systematisch entwickelt werden.

[99] Vgl. *Hofmann/Birkenmeier,* Die Aufgaben des Normenkontrollrates im Gesetzgebungsverfahren, in Kluth/Krings (Hrsg.), Gesetzgebung (2014) S. 295; *Busse/Hofmann,* Bundeskanzleramt und Bundesregierung (6. Aufl. 2017) S. 130; *Jennrich/Schleyer,* Bessere Gesetze für weniger Bürokratie, FR 2021 S. 311; ein Beispiel bzgl. der Erbschaftsteuer findet sich in BT-Drs. 18/5923 vom 7.9.2015, S. 37 Anlage 2.

Das ist überraschend. Diese Fähigkeiten sollten den gesetzgebenden Institutionen seit eh und je selbstverständlich sein. Von den „gesetzgebenden" Fachbeamten wird der NKR bisweilen als „schwierig" eingeschätzt, weil er von der Sache wenig Ahnung hat. Bei der Steuergesetzgebung könne er ohne Qualitätsverlust weggedacht werden. Vertreter des NKR beklagen dagegen die mangelnde Qualität und Praxistauglichkeit des Rechts wegen eines hektischen Gesetzgebungsprozesses.[100]

Die **„Informellen".** In der Gesetzgebungswirklichkeit können Meinungsverschiedenheiten in den rechtlich vorgesehenen Gesetzgebungsinstitutionen bisweilen nicht überwunden werden und führen zu einem „Stillstand" der Gesetzgebung. Die Gesetzgebungspraxis behilft sich in diesen Situationen häufig mit von der Verfassung nicht vorgesehenen Zusammenkünften von maßgebenden Personen, die unter den Stichworten „Koalitionsausschuss, Konzertierte Aktion, Elefantenrunde, Konsensrunde, ad-hoc-Arbeitsgruppe, 6 plus 6-Gespräche, Bündnis für Arbeit, runder Tisch" etc. bekannt geworden sind.[101] Sie sollen „die Kuh vom Eise kriegen" und sind für das Zustandekommen solcher „auf Grund gelaufener" Gesetzgebungsvorhaben von überragender Bedeutung, geradezu „kriegsentscheidend" wie *Ihering* formuliert hätte. Sie können und werden in jeder Phase des Gesetzgebungsverfahrens eingesetzt, also zB. schon vor dem Kabinettsbeschluss oder während des Vermittlungsverfahrens. Nicht immer, aber häufig sind die dort entscheidenden Personen keine Steuerfachleute. Das Gesetzgebungsverfahren zum ErbStG 2016 wurde zum Beispiel entscheidend durch einen Konsens der (stellvertretenden) Fraktionsvorsitzenden Gerda Hasselfeldt CSU, Brinkhaus CDU und Schneider SPD am 11.2.2016 und eine Einigung von Bundesfinanzminister Schäuble CDU sowie den Parteivorsitzenden Ga-

[100] *Goebel* (Vorsitzender des NKR), Handelsblatt Nr. 163 v. 24.8.2022 S. 48 und Nr. 241 v. 13.12.2022 S. 15.

[101] Vgl. *Schoch*, Entformalisierung staatlichen Handelns, in Isensee/Kirchhof (Hrsg.), Handbuch des Staatsrechts Bd. III (3. Aufl. 2005) S. 131; *von Schlieffen*, Koalitionsvereinbarungen und Koalitionsgremien, in Isensee/Kirchhof (Hrsg.), aaO S. 683 § 49.

briel SPD und Seehofer CSU am 20.6.2016 vorwärtsgebracht.[102] Natürlich wird der „Chor der Ahnungslosen", wie er bisweilen genannt wird, von Steuerexperten „angefüttert". Aber es bleibt festzustellen, dass mit der Hierarchiehöhe die Fachkompetenz abnimmt, was übrigens im Vermittlungsausschuss wiederkehrt (s. oben).

Von den „Informellen" ist am wichtigsten der **Koalitionsausschuss.** Im Gegensatz zu der Situation unterschiedlicher Mehrheiten in Bundestag und Bundesrat, wo der Vermittlungsausschuss zum zentralen Ort der Gesetzgebung werden kann (oben Seite 69), spielt der Vermittlungsausschuss praktisch keine Rolle, wenn eine Koalition regiert, die gleichzeitig die Mehrheit im Bundestag und Bundesrat hat. Eine Koalition ist bekanntlich keine Liebesheirat, sondern eine Notgemeinschaft,[103] die Gegensätze zwischen den Koalitionären nicht beseitigt. Meinungsverschiedenheiten werden außerhalb des Grundgesetz-Gesetzgebungsverfahrens zwischen den Koalitionspartnern im Koalitionsausschuss und anderen Koalitionskreisen geklärt. Das geht nicht immer friedlich und auch nicht immer ehrenhaft zu. Die Medien berichten von Versuchen der Übertölpelung und des Austricksens, des Spielens über die Medienbande, gegenseitige Vorwürfe bis zur Beleidigung (Minister *Till Backhaus* SPD im September 2022 über die (füllige) Grünen-Vorsitzende *Ricarda Lang*: „Früher waren Dick und Doof zwei Personen."). Das große Publikum staunt, wie teilweise rüde die Regierungsparteien aufeinander einschlagen. Insider berichten im Extremfall von tiefer Abneigung zwischen den Koalitionspartnern, scheinbar nur zusammengehalten durch den Willen zur Macht.

Im übertragenen Sinn gehört zu den Informellen auch der **Vizekanzler,** wie er im Sprachgebrauch heißt. Das Grundgesetz nennt ihn den Stellvertreter des Bundeskanzlers (Art. 69 Abs. 1 GG). An sich kommt er nur zum Tragen, wenn der Bundeskanzler verhin-

[102] *Ernst & Young* (Hrsg.), ErbSt 2016 (2017) S. 83, 86.

[103] Klassiker war die große Koalition zwischen CDU/CSU und SPD von 2005 bis 2009, weil CDU/CSU und FDP ihre lange für sicher gehaltene Mehrheit bei der Bundestagswahl im September 2005 nicht erreichten.

dert ist. Da es sich bei ihm jedoch in der Regel um den Führer der zweitgrößten Koalitionspartei handelt, hat sich um dieses „Amt" ein gewisser Apparat entwickelt, der in einem Stab von 10–15 höherrangigen Beamten/Angestellten des Ministeriums besteht, dem der Vizekanzler vorsteht. Er wird auch frühzeitig in die Gesetzgebung eingebunden. Vor den Kabinettsitzungen koordiniert der Vizekanzler die Ressorts (Ministerien), deren Minister seiner Partei angehören, was der Bundeskanzler mit „seinen" Ressorts tut.

Steuerreformkommissionen haben keine gesetzgebende Funktion, sondern werden von staatlichen Institutionen, meistens dem Bundesfinanzminister, berufen, um Vorschläge zur Veränderung, möglichst Verbesserung des Steuerrechts zu machen. Die Steuergeschichte der Bundesrepublik Deutschland ist voll von ihnen. Als da waren:[104]

Vom Finanzausschuss des Bundesrates eingesetzter Arbeitsausschuss für die große Steuerreform, sog. *Troeger*-Ausschuss.[105]

Untersuchungen zum Einkommensteuerrecht, berufen von Finanzminister *Franz Etzel* CDU, sog. Durchforstungskommission.[106]

Steuerreformkommission 1971, berufen von Finanzminister *Franz Josef Strauß* CSU, abgeschlossen unter Finanzminister *Alex Möller* SPD, auch *Eberhard*-Kommission genannt.[107]

Kommission zur Verbesserung der steuerlichen Bedingungen für Investitionen und Arbeitsplätze, sog. *Goerdeler*-Kommission, von 1991.[108]

---

[104] Vgl. auch *Kühn*, Steuerpolitische Empfehlungen: Wie Wirtschaft und Wissenschaft sachverständige Politikberatung machen, FS Herzog (2010) S. 839; *Tipke*, Die Steuerrechtsordnung Bd. III (2. Aufl. 2012) S. 1783.

[105] Diskussionsbeiträge des Arbeitsausschusses für die Große Steuerreform, herausgegeben von *Heinrich Troeger* (1954).

[106] BMF-Schriftenreihe Heft 7 (1964).

[107] BMF-Schriftenreihe Heft 17 (1971).

[108] BMF-Schriftenreihe Heft 46 (1991).

Einkommensteuer-Kommission zur Freistellung des Existenzminimums ab 1996 und zur Reform der Einkommensteuer, berufen von Finanzminister *Theo Waigel* CSU, auch *Bareis*-Kommission genannt.[109]

Steuerreformkommission, berufen von Finanzminister *Theo Waigel* CSU 1996, mit Ergebnis der sog. Petersberger Steuervorschläge.[110]

Kommission zur Reform der Unternehmensbesteuerung, berufen von Finanzminister *Oskar Lafontaine* SPD 1998, mit Ergebnis der Brühler Empfehlungen.[111]

Gemeindefinanzkommission, berufen von der Bundesregierung (CDU/CSU und FDP) 2010 zur Reform der Gewerbesteuer, ohne Ergebnis.

Der Vorwurf, die Kommissionen würden nur zur Ablenkung und Verschleierung von politischer Unfähigkeit zu guter Steuergesetzgebung eingesetzt, trifft nicht zu. Vielmehr trifft die Kommissionsentwürfe das gleiche Schicksal wie alle „Privatentwürfe" und auch viele „offiziellen" Entwürfe, dass sie es eben nicht jedem Recht machen können und deshalb stets von genug öffentlich gemachter Meinung verrissen werden, um nicht Realität zu werden. Wenn der öffentliche Druck groß genug ist, distanziert sich der Finanzminister von dem von ihm selbst in Auftrag gegebenen Gutachten sogar schon, bevor es ihm offiziell übergeben wird.[112] Sie bleiben aber ein wichtiges Instrument wenigstens für das Modell eines anderen Steuerrechts.

[109] BMF-Schriftenreihe Heft 55 (1995).

[110] BMF-Schriftenreihe Heft 61 (1997); dazu *Waigel*, Die Erarbeitung der Petersberger Steuervorschläge, FS Offerhaus (1999) S. 983.

[111] BMF-Schriftenreihe Heft 66 (1999)

[112] So das Schicksal der *Bareis*-Kommission. Vgl. *Bareis*, Die notwendige Reform der Einkommensteuer 1996, DStR 1995 S. 157, 160; *Thiel*, Steuergerechtigkeit und Steuervereinfachung in der Praxis – Das Jahressteuergesetz 1996 wird vorbereitet, FS Tipke (1995) S. 295, 297.

Politiker. Nun bilden bekanntlich Institutionen als solche weder Meinungen noch fällen sie Entscheidungen. Das tun die Menschen, die diesen Institutionen angehören. Am Ende „machen“ sie das Steuergesetz, insbesondere die in den wichtigen Funktionen, etwa die Vorsitzenden und stellvertretenden Vorsitzenden der Arbeitsgruppen der Parteien, der Fraktionen in toto und ihrer Arbeitsgruppen etc., der Finanzausschüsse, ebenso die Obleute und Berichterstatter zu dem Gesetz in den Ausschüssen und natürlich die „gesetzgebenden“ Beamten. Ein Ministerialbeamter erkannte:

> Ich habe früher immer geglaubt, die Strukturen sind entscheidend. Jetzt weiß ich, die einzelnen Personen sind bedeutender. Wie charismatisch, wie kommunikativ sie sind und wie strategisch sie mit den Sachen umgehen, das ist von ganz, ganz großer Bedeutung.[113]

Außer den zuständigen Abteilungen und Referaten im Bundesfinanzministerium und den Länderfinanzministerien sowie Steuerreferaten in anderen Ministerien sind die genannten Institutionen von Politikern verschiedener Parteien besetzt. Viele dieser Politiker gehören in Personalunion mehreren der genannten Institutionen an. Die Politiker fällen die inhaltlichen Entscheidungen zum Steuerrecht. Die Beamten können Anregungen geben und tun das häufig auch. Aber die letzte Entscheidung, ob und was Steuergesetz wird, liegt in den Händen der Politiker. Die Politiker haben ein sehr unterschiedliches Fachwissen. Von Beruf sind sie gewöhnlich nicht „vorbelastet“. Für das Analysieren von Gesetzestexten und eine technische Diskussion reichen Wissen und Zeit nicht aus. Sie sind deshalb auf Assistenz angewiesen. Diese kommt überwiegend aus der Ministerialbürokratie. Der Minister der Finanzen des Landes Sachsen-Anhalt *Karl-Heinz Paqué* schrieb in einer dem langjährigen Steuerpolitiker *Hermann Otto Solms* FDP gewidmeten Festschrift (2005):

> Stehen steuerrechtliche Fragen auf der Tagesordnung des Finanzausschusses im Bundesrat oder der Finanzministerkonferenz, bereitet das entsprechende Briefing des Ministers in aller Regel deutlich mehr Zeit und Mühe als bei anderen Themen. Die Beamten der Steuerabteilung müssen dann all ihre didaktischen Fähigkeiten unter Beweis stellen und dem meist

[113] *Smeddinck*, Integrierte Gesetzesproduktion (2006) S. 75 Fn. 424.

ahnungslosen Minister die verzwicktesten Zusammenhänge erklären. Oft genug bleibt dabei der durchschlagende Erfolg aus, und der Beamte zieht seufzend die Schlussfolgerung, dass nur die hochgeschätzten Kollegen aus den Steuerabteilungen anderer Länder und des Bundes ihn wirklich verstehen.[114]

Manche Politiker lassen es nicht dabei, sondern suchen auch Informationen von außen, selbst der Staatschef. Anfang Juni 2013 lud die Bundeskanzlerin *Angela Merkel* in Vorbereitung auf das G 20-Treffen in Irland, wo es auch um das Thema Internationales Steuerrecht unter dem Stichwort Base Erosion und Profit Shifting (BEPS) ging, eine Gruppe von Steuerexperten in das Bundeskanzleramt ein, um sich persönlich ein Bild zu machen. Teilnehmer waren ein Unternehmensvertreter, ein OECD-Vertreter, ein Hochschullehrer, ein Berater aus einer renommierten Anwaltskanzlei, Beamte des Bundeskanzleramts und ein Staatssekretär aus dem BMF, jedoch kein Angehöriger der Steuerabteilung des BMF.

Die Rolle der **Ministerialbürokratie** in der Steuergesetzgebung ist unstreitig von überragender, gleichzeitig aber von umstrittener Bedeutung. Unstreitig ist, dass die Beamten für die Gesetzgebung unentbehrlich sind und ein Monopol haben.[115] Nur sie sind in der Lage, den politischen Willen in Gesetzesform zu gießen. Ohne sie gäbe es keine Steuergesetze. Neben dem Formulierungs- haben sie auch ein Verständnismonopol für die technisch-inhaltliche Seite der Steuergesetze, die sich Politikern mit wenigen Ausnahmen entzieht, die aber für das endgültige Belastungsergebnis bei den Steuerpflichtigen von größter Bedeutung ist. Deshalb richtet sich die ganz große Mehrheit der Eingaben, ca. 80%, der Wirtschafts- und anderer Verbände, nicht nur an Politiker, sondern

[114] Einfachheit als ethisches Prinzip, FS Solms (2005) S. 241.

[115] Z.B. *Uelner*, Steuergesetzgebung aus der Sicht des Ministerialbeamten, DStR 1977 S. 119, 120; *Tipke*, Die Steuerrechtsordnung Bd. III (2. Aufl. 2012) S. 1383; *Schmölders*, Finanzpolitik (3. Aufl. 1970) S. 108 § 15 Das Übergewicht der Exekutive; allgemein *Bogumil/Ebinger/Hochheim*, Spitzenbeamte und ihr Verhalten bei politisch relevanten Entscheidungen, in Gedächtnisband Hans-Ulrich Derlien (2007) S. 151, 154.

an das Bundesfinanzministerium. Die Einreicher wissen, dass sie hierüber nur mit den Beamten ein Gespräch auf Augenhöhe führen können. Die Beamten sind dem klugerweise nicht abgeneigt, können hierdurch doch Fehler vermieden und wichtige Erkenntnisse gewonnen werden. Streitig ist dagegen, welchen Einfluss die Ministerialbürokratie auf den Inhalt der Steuergesetze nehmen kann und nimmt. Manche setzen ihn extrem hoch an und sehen das Parlament als Ganzes (mangels Sachverstand) und die Abgeordneten des Finanzausschusses (mangels Detailkenntnissen) zu Erfüllungsgehilfen der Exekutive degradiert.[116] Selbst die Professorin für Steuerrecht und Verfassungsrecht MdB *Gisela Frick* FDP beklagte (als Mitglied des Finanzausschusses) einmal den großen Einfluss der Ministerialbeamten auf das Steuerrecht, die ihr Herrschaftswissen über das letzte Detail nutzten, um Gesetze in ihrem Sinne zu machen.[117] Für bestimmte Bereiche der Steuergesetzgebung trifft das zu, gewissermaßen Kraft Natur der Sache. Nur die Beamten können aufgrund von Erkenntnissen der Finanzverwaltung Fehlentwicklungen oder Missbräuche erkennen und Vorschläge zu ihrer Abstellung machen. Nur sie können beurteilen, mit welchen Steuerregelungen bestimmte steuerpolitisch gewollte Ergebnisse erzielt werden können. Nur sie können die verfassungsrechtlichen, europarechtlichen oder auch einfachrechtlichen Grenzen oder Gebote für Steuergesetze beurteilen, was alles nicht von den politischen Entscheidern, sondern im Grunde nur von „Kollegen" oder anderen Steuerexperten überprüft werden kann. Erfahrene und geschickte Beamte können ein Anliegen ihrem „Chef" auch so „zwingend" darstellen, dass er mangels eigenen besseren Wissens gar nicht anders kann, als darauf einzugehen. Trotzdem ist das Bild von der Exekutive, die das Parlament und den Finanzausschuss am Ring durch die Manege zieht, falsch. Wo es rechtlichen Spielraum gibt, entscheiden die Parteigremien, Minister, das Bundeskabinett, Ministerpräsidenten, Fraktionsvorsitzende und andere Entscheider. Die Ministerialbürokratie ist weisungsgebunden und muss „der Spitze des Hauses" folgen. Sie soll und muss sogar Bedenken äußern, Alternativen aufzeigen, aber

[116] Vgl. *A. Klein*, Steuermoral und Steuerrecht (1997) S. 139, 169, 179, 212.
[117] FAZ vom 9.11.1986.

am Ende den politischen Befehl realisieren, möge sie ihn auch für unvernünftig, sogar für verfassungswidrig halten. Wenn ein Ministerialbeamter sagt, er sei von der Politik zu einer bestimmten Regelung gezwungen worden, kann das deshalb die Wahrheit sein. Die Möglichkeit, deswegen die Versetzung in einstweiligen Ruhestand zu erbitten, hat nur der Abteilungsleiter (Ministerialdirektor). Wenn ein politischer Entscheider sagt, er sei von der Ministerialbürokratie (außerhalb von Rechtsbindungen) zu einer Entscheidung gezwungen worden, versteckt er sich.

Die individuellen Funktionsträger

Man kann die Menschen, die über die Steuergesetzgebung entscheiden, nach ihrer Funktion in der mit der Gesetzgebung befassten Institution auflisten, wobei ohne besondere Beschreibung die jeweils dafür zuständigen gemeint sind.

Im **Bundeskanzleramt** Bundeskanzler, Bundeskanzleramtsminister, Leiter und Referenten der Abteilung Wirtschafts-, Finanz- und Energiepolitik.

Im **Bundesfinanzministerium** Minister, Parlamentarischer Staatssekretär, beamteter Staatssekretär, Leiter der Steuerabteilung, Leiter der Unterabteilung, Leiter und Referenten der zuständigen Referate, weitere berührte Abteilungen.

Im **Bundeswirtschaftsministerium** Minister, Staatssekretär, Abteilung Wirtschaftspolitik, Steuerreferat.

In den **anderen Ministerien** bei Betroffenheit Minister, Staatssekretär, Referat für Steuern.

In den **Bundestagsfraktionen** Fraktionsvorsitzender und Stellvertreter, parlamentarischer Geschäftsführer, Leiter und Stellvertreter der steuerorientierten Arbeitsgruppen.

Im **Finanzausschuss** Vorsitzender und stellvertretender Vorsitzender, Obleute der Parteien, Berichterstatter und alle Mitglieder und – durchaus einflussreich – der Sekretär, wie auch in anderen Ausschüssen.

In den anderen Ausschüssen z.B. **Haushaltsausschuss, Rechtsausschuss** Vorsitzende und Berichterstatter.

Im **Bundesrat** Finanzausschuss, Vorsitzender und Stellvertreter, Berichterstatter und alle Mitglieder, sowie der Sekretär.

Im **Vermittlungsausschuss** alle Mitglieder.

In den **Landesregierungen** Ministerpräsident, Finanzminister, Staatssekretär, Leiter der Steuerabteilung, weitere Beamte.

In den **Politischen Parteien** Parteivorsitzender und Stellvertreter, Vorsitzende der steuerlichen Arbeitsgruppen etc. und Stellvertreter, alle Mitglieder.

Im **Deutschen Städtetag** und **Deutschen Landkreistag** die Leiter der Dezernate Finanzen.

Alle addiert sind es im „inneren Kreis“ vielleicht 10 bis 20, im „äußeren Kreis“ kaum mehr als 200 Menschen, die den Inhalt eines Steuergesetzes bestimmen.[118] Wobei markant ist, dass kein einzelner „durchregieren“, sondern alle nur zu Gruppenentscheidungen beitragen können. Außer dem Bundeskanzler. Die im Bundesfinanzministerium 1997 sehr favorisierte Idee, die Steuerfreiheit von Zuschlägen für Sonntags-, Feiertags- oder Nachtarbeit (§ 3b EStG) abzuschaffen, soll *Helmut Kohl* mit dem Satz „vom Tisch gewischt“ haben: „Wie soll ich das den 50.000 BASF-Arbeitern in Ludwigshafen erklären?“

---

[118] Deutlich z.B. bei *Fröhlich/Schneider*, Die „Große Steuerreform“ der Regierung Kohl: Versuch und Scheitern, in Fischer (Hrsg.) Politische Reformprozesse in der Analyse (2008) S.253.

b) Die Steuerpflichtigen

Es ist offenbar, dass die 82 Millionen Steuerpflichtigen in Deutschland sich im Steuergesetzgebungsverfahren nicht als solche äußern können. Nach dem Grundgesetz sollen sie es auch nicht. Sie haben sich deshalb zu Institutionen verschiedenster Art und Größe zusammengeschlossen, die sich für sie äußern.

„Das Volk"

Das Volk als Ganzes ist vom Grundgesetz ganz bewusst nicht als Akteur der Gesetzgebung vorgesehen, wird vielmehr dieserhalb vollständig ausgeschaltet. Sogar das Grundgesetz selbst, das ausweislich seiner Präambel „sich das Deutsche Volk kraft seiner verfassungsgebenden Gewalt gegeben" hat, hat sich keineswegs das Volk gegeben, sondern seine Repräsentanten haben es ihm gegeben (vgl. Art. 144 Abs. 1 GG). Volksentscheide, die auf den Erlass eines Gesetzes gerichtet sind, sieht das Grundgesetz auf Bundesebene nicht vor. Anders liegt es in den Verfassungen der Länder.[119] Für unser Thema daran interessant sind die sog. Finanzvorbehalte, die sich in sämtlichen Landesverfassungen finden. Durch sie wird ein Volksentscheid in allen finanzrelevanten Fragestellungen ausgeschlossen. Es kann deshalb keinen Volksentscheid über ein Steuergesetz geben. Als Grund hierfür führen die Verfassungsjuristen die Befangenheit der Bürger an, in eigener Sache entscheiden zu können, insbesondere durch Senkung der Steuern. Das ist die vornehme Ausdrucksweise für die Angst der Verfassungsgeber vor Egoismus, Charakterlosigkeit und Dummheit des Volkes.[120] Tatsächlich fällt es schwer, sich z. B. einen Volksentscheid über die Körperschaftsteuer vorzustellen. Forderungen nach einer „Demokratisierung" der Steuergesetzgebung durch Abschaffung der

[119] Vgl. *Ennuschat*, Volksgesetzgebung in den Ländern, in Kluth/Krings (Hrsg.), Gesetzgebung (2014) S. 699.

[120] Vgl. zu allem *H. Lang*, Gesetzgebung zwischen Objektivität und Befangenheit, in Kluth/Krings (Hrsg.), Gesetzgebung (2014) S. 128.

Finanzvorbehalte und mehr plebiszitäre Elemente[121] sind bisher ohne Echo geblieben.

Dass sich das Volk, verstanden als die große Masse der vom Steuerrecht nichts verstehenden Bevölkerung, zur Steuergesetzgebung äußert, ist selten. Gelegentlich finden sich Auftritte von „Normalbürgern“ in Diskussionsrunden, Talkshows in Fernsehen oder Rundfunk zu steuerpolitischen Themen, gelegentliche Leserbriefe in den allgemeinen Medien. Eine Art „Gesamtvertretung“ aller Steuerzahler zu sein, nimmt der Bund der Steuerzahler e. V. für sich in Anspruch mit einem besonderen Augenmerk für die Verwendung von Steuergeldern, insbesondere Verschwendung, jedoch mit überschaubarer Breitenwirkung. Eine „Volksbewegung“ ist er nicht. Ebenso wenig wie die „Bürgerbewegung Finanzwende“ des ehemaligen Grünen-Abgeordneten *Gerhard Schick*. Öffentlichkeitswirksame Aktionen in der Art von Großdemonstrationen zu Steuerfragen hat es in Deutschland seit 100 Jahren nicht gegeben. Die sogenannten Osterkundgebungen des Jahres 1919, bei denen die Demonstranten eine spürbare Erbschaftsteuer (für die Reichen, versteht sich) forderten, waren wohl die letzte öffentlichkeitswirksame größere Empörung.[122] Auch einen sogenannten Shitstorm in den sozialen Medien der Moderne wegen einer als ungerecht empfundenen Steuergesetzgebung hat es in Deutschland noch nicht gegeben. Das liegt natürlich auch daran, dass große Teile des Steuerrechts so technisch sind, dass sie auch der gebildete Laie nicht verstehen kann. Einen breiteren Versuch unternahm 1978/79 der Vorsitzende der Deutschen Steuergewerkschaft *Hermann Fredersdorf* mit dem Gedanken, für die Bundestagswahl 1980 eine Steuerpartei zu gründen, der er 10% der Stimmen prophezeite, und der die Bild Zeitung Öffentlichkeit verlieh (Schlagzeile: „FDP wird sterben, wenn wir kommen.“). Die von dem bisherigen SPD-

121 So *Weber-Grellet*, Steuerrecht und Demokratie, ZRP 2014 S. 82; es gibt sie in der Schweiz.

122 *Hennicke*, Die Rolle der Erbschaftsteuer in der Steuerpolitik der großen politischen Parteien (1929) S. 15, 20; in regionalem Rahmen blieb 1926 der Bernkasteler Winzeraufstand gegen die Weinsteuer mit Sturm auf das Finanzamt.

Mitglied *Fredersdorf* im Mai 1979 gegründete „Bürgerpartei" mit dem Hauptanliegen Steuersenkungen erhielt bei der Wahl jedoch lediglich 0,03% der Stimmen.[123] Das letzte Mal ist etwas Volksunmut über die Besteuerung im Wahlkampf 2005 „hochgekocht", als die CDU mit den Steuerideen des designierten Finanzministers *Paul Kirchhof* zu punkten versuchte und der amtierende SPD-Bundeskanzler *Gerhard Schröder* das mit populistischen Formulierungen so erfolgreich konterte, dass die CDU-Vorsitzende *Angela Merkel Paul Kirchhof* im Wahlkampf kaltstellte (s. u.). In die Wahlentscheidungen der Wähler fließen zwar nach verbreiteter Überzeugung der Politiker und Politologen steuerliche Aspekte durchaus ein (S. 178, 184). Aber in einer Artikulation des „Volkswillens" zur Steuergesetzgebung schlägt sich das nicht nieder.

Die wichtigsten Institutionen der Steuerpflichtigen in der Steuergesetzgebung sind die Verbände mit den beiden Schwerpunkten der Wirtschaft und freien Berufe und der Gewerkschaften.[124]

Die Verbände der Wirtschaft und freien Berufe

Bundesverband der Deutschen Industrie BDI mit Steuerausschuss des BDI
Deutscher Industrie- und Handelskammertag DIHK
Bundesverband der Deutschen Volksbanken und Raiffeisenbanken BVR
Bundesverband der Energie und Wasserwirtschaft BDEW
Bundesverband Deutscher Banken BdB
Bundesverband Großhandel, Außenhandel, Dienstleistungen BGA
Bundesvereinigung der Deutschen Arbeitgeberverbände BDA
Deutscher Bauernverband DBV
Deutscher Sparkassen- und Giroverband DSGV

[123] Näher *Buggeln*, Gab es eine neoliberale Wende in der Steuerpolitik? In Bösch/Hertfelder/Metzler (Hrsg.), Grenzen des Neoliberalismus (2018) S. 194.

[124] Rechtstatsächlich instruktiv *Richter*, Familienunternehmen und Verbände, FS Hennerkes (2009) S. 471; rechtlich *Horn*, Verbände, in Isensee/Kirchhof (Hrsg.), Handbuch des Staatsrechts der Bundesrepublik Deutschland Band III (3. Aufl. 2005) S. 357 § 41.

Gesamtverband der Deutschen Versicherungswirtschaft GDV
Handelsverband Deutschland HDE
Verband der Automobilindustrie VDA
Allgemeiner Deutscher Automobilclub ADAC
Verband der Chemischen Industrie VCI
Verband Deutscher Maschinen- und Anlagenbau VDMA
Zentralverband des Deutschen Handwerks ZDA
Zentralverband Elektrotechnik und Elektroindustrie ZVEI
Wirtschaftsrat der CDU e. V. (keine Parteiorganisation)
Die Familienunternehmen – ASU
Bundesverband freier Berufe
Bundesrechtsanwaltskammer BRAK
Deutscher Anwaltsverein DAV
Institut der Wirtschaftsprüfer IdW
Wirtschaftsprüferkammer WPK
Bundessteuerberaterkammer BStBK
Deutscher Steuerberaterverband
Hartmannbund-Verband der Ärzte[125]

nahestehende Institutionen

Institut der Deutschen Wirtschaft IW
Institut Finanzen und Steuern
Stiftung Familienunternehmen und Stiftung Familienunternehmen und Politik[126]
Stiftung Marktwirtschaft – mit Wissenschaftlichem Beirat Kronberger Kreis

Gewerkschaften

Deutscher Gewerkschaftsbund DGB
IG Metall
Vereinte Dienstleistungsgewerkschaft Verdi
IG Bergbau, Chemie, Energie

---

[125] Weitere unter deutsche Wirtschaftsverbände Lobbypedia.de

[126] Vgl. Handelsblatt vom 8.6.2021 Nr. 107 S. 12: Ohne Maulkorb; *Richter*, Familienunternehmen und Verbände, FS Hennerkes (2009) S. 471.

IG Bauen-Agrar-Umwelt
Gewerkschaft Erziehung und Wissenschaft
Gewerkschaft Nahrung-Genuss-Gaststätten
Gewerkschaft der Polizei
Beamtenbund und Tarifunion DBB
Im DBB Deutsche Steuer-Gewerkschaft DStG

nahestehende Institutionen

Hans Böckler Stiftung
Deutsches Institut für Wirtschaftsforschung DIW
Wirtschafts- und Sozialwissenschaftliches Institut WSI

Rechtsanwaltssozietäten. In den letzten Jahren Gegenstand öffentlicher Aufmerksamkeit geworden ist die Vorbereitung von Gesetzesentwürfen durch Rechtsanwaltssozietäten, deren Entwürfe von der Bundesregierung übernommen wurden (HRE-Enteignungsgesetz/Freshfields und Kreditwesengesetz/Linklaters). Das hat verfassungsrechtliches Unbehagen, eine öffentliche Diskussion und juristische Stellungnahmen ausgelöst,[127] wohl auch wegen der vom Staat hierfür gezahlten erheblichen Honorare.[128] Soweit ersichtlich hat diese Praxis in die Steuergesetzgebung bisher keinen Eingang gefunden.

„Einzelkämpfer“. Auch einzelne Steuerexperten verschiedener Berufsrichtungen melden sich in der Gesetzgebungsdiskussion. Meistens in Form von Aufsätzen in Fachzeitschriften, aber auch von Kommentaren in den allgemeinen Medien, bisweilen auch in Ansprachen staatlicher Stellen. Man findet Äußerungen von Beamten aus der Finanzverwaltung aller Ebenen, von Richtern der Finanzgerichtsbarkeit, von Angehörigen aus den Steuerabteilungen der Unternehmen, von Rechtsanwälten, Wirtschaftsprüfern und Steuerberatern (zur Wissenschaft folgend). Wenn sie

[127] *Heintzen*, Externe Beratung in der Gesetzgebung, in Kluth/Krings (Hrsg.), Gesetzgebung (2014) S. 229.

[128] Vgl. Antwort der Bundesregierung auf eine kleine Anfrage der FDP-Fraktion, Focus-online v. 30.4.2020.

einer Institution angehören, lassen diese Äußerungen gewöhnlich auch einen Schluss auf die Tendenz der betreffenden Institution zu. Dass ein Finanzbeamter, der an der Formulierung eines Steuergesetzes mitwirkt, dieses in einem Aufsatz für ungerecht oder mangelhaft erklärt, kommt eher selten vor, auch dann, wenn er erklärt, er äußere sich „nicht in dienstlicher Eigenschaft". Dass der Steuermitarbeiter eines Unternehmens sich für eine Steuererhöhung einsetzt, die dieses Unternehmen treffen würde, ist auch nicht häufig.

Aktivitäten aus der Beraterszene (Rechtsanwälte, Wirtschaftsprüfer, Steuerberater) haben neben der uneigennützigen Sorge um ein besseres Steuerrecht gerne auch Erwerbsmotive. In der Corona-Krise forderte im April 2020 ein bekannter Steueranwalt in gleichlautenden Briefen an die Bundeskanzlerin, den Wirtschaftsminister und den Finanzminister, nicht zu kleckern, sondern zu klotzen. Unternehmen sollten Finanzmittel in Höhe von 30% ihres Verlustes aus 2020 und notfalls auch 2021 als Zuschuss vom Staat erhalten, bei guten Geschäften sei der Zuschuss zurückzuzahlen. „Nur so kann der Untergang vieler deutscher Unternehmen und eine fundamentale Schwächung vieler überlebender deutscher Unternehmen verhindert werden."[129] Diese Briefe gingen auch an die Medien. Wie wir heute wissen, war das etwas zu sehr den Teufel an die Wand gemalt. Solche Demarchen dienen nicht nur dem Gemeinwohl, sondern schaffen für die betreffende Person und ggf. ihre Institution Publizität und Sichtbarkeit und sollen Klienten und Umsatz anziehen. Sollte das geforderte Gesetz tatsächlich kommen – auch ohne dass der Brief dafür eine Rolle gespielt hätte – kann sich der Schreiber vor seinen Mandanten und der interessierten Öffentlichkeit als einen der „Väter des Sieges" darstellen: „Die Bundeskanzlerin und das Bundesfinanzministerium sind meiner Forderung gefolgt." Kommt das Gesetz so nicht, heißt es: „Trotz meiner Forderung haben Bundeskanzlerin und Bundesfinanzminister das vernünftige nicht getan." In eine verbreitete Fachzeitschrift oder gar eine überregionale Zeitung wie die FAZ oder das Handelsblatt eine Überschrift „Schafft die Erbschaftsteuer

[129] Handelsblatt vom 30.4.2020.

ab!" mit einem knackigen Text zu positionieren und das ein paar Tausend deutschen Mittelständlern und reichen Privatpersonen zu schicken, ist natürlich ein Marketinginstrument erster Klasse. Gleiche Überlegungen gelten für die im Zusammenhang mit der Steuergesetzgebung von Beratern und ihren Institutionen veranstalteten Symposien, Vortragsveranstaltungen, Diskussionsrunden zu steuerpolitischen Themen, gewöhnlich unter Teilnahme von Personen innerhalb der staatlichen Entscheidergruppe der Abgeordneten, Minister, Staatssekretäre und Ministerialbeamten. Manche Steuerpflichtige glauben, die guten Beziehungen eines Beraters zu „der Politik" oder „der Finanzverwaltung" könnten ihre Steuerlast senken. Das ist ein Irrtum.

„Die Reichen und Mächtigen". Es gibt einzelne Bürger, die „gleicher" sind als der „normale" Bürger, reiche und mächtige Menschen, etwa der Inhaber eines Milliarden-Familien-Konzerns mit mehreren zehntausend Arbeitsplätzen oder der Vorstandsvorsitzende eines börsennotierten Weltkonzerns oder einer „systemrelevanten" Bank. Diese Menschen können im Einzelfall durchaus den Inhalt von Gesetzen (mit-)gestalten. Der (nur) ihnen mögliche „Zugang zum Machthaber" (S. 141) und der „Hebel" ihres Vermögens und „ihrer" Arbeitsplätze bewirken das. Für Unternehmen hat sich einmal der Finanzvorstand eines Großunternehmens geäußert:

> Die dritte steuerpolitische Teilaufgabe des Steuerwesens der Unternehmung ist die Beeinflussung der Steuergesetzgebung und ihrer Interpretation durch die Finanzverwaltung und Rechtsprechung unter den dargelegten Aspekten. Hierzu bieten sich grundsätzlich zwei Wege an.
>
> Einmal kann die Unternehmung versuchen, ihre Vorstellungen über die Unternehmensbesteuerung und deren Elemente unmittelbar den verantwortlichen Institutionen und Personen (Bundes- und Landesregierungen, Finanzministerien, Bundestags-, Landtags- oder Gemeinderatsmitgliedern) zu übermitteln. Dieser Weg wird allerdings nur für wenige Großunternehmen gangbar sein, er ist zudem wegen der Singularität des Vortrags nur von begrenzter Wirkung und kann praktisch nur die nationalen Entscheidungsträger erreichen.[130] [Zum anderen über die Verbände]

[130] *Kuhn*, Das Steuerwesen der Unternehmung, FS Wöhe (1989) S. 228.

Das wird kaum offen gesagt (worauf ein Teil der Wirkung beruht). Der im Entwurf des 5. Armuts- und Reichtumsberichts der Bundesregierung 2017 enthaltene Satz „Die Wahrscheinlichkeit für eine Politikveränderung ist wesentlich höher, wenn diese Politikveränderung von einer großen Anzahl von Menschen mit höherem Einkommen unterstützt wird“, wurde in der Endfassung gestrichen.[131]

c) „Die Unabhängigen“

Neben dem Staat und den Steuerpflichtigen gibt es eine ganze Reihe von Institutionen und Einzelpersonen, die von den beiden Seiten unabhängig (z. T. in Grenzen), aber bedeutende „Mitspieler“ bei der Schaffung von Steuergesetzen sind. Sie sind z. T. Teil des Staates, wie z. B. die Gerichte, aber jedenfalls von den Parteien, der Bundesregierung, dem Bundestag und dem Bundesrat unabhängig.

Einen erheblichen Einfluss auf auch die nationale Steuergesetzgebung nehmen in den letzten Jahrzehnten **internationale Institutionen,** die den deutschen Gesetzgeber teils rechtlich zu einer bestimmten Gesetzgebung zwingen können, teils hierfür Empfehlungen aussprechen.[132] In der **Europäischen Union** ergeben sich Gesetzgebungspflichten aus Art. 288 Abs. 3 AEUV. Hier herrscht das Einstimmigkeitsprinzip, so dass Deutschland europäische Vorgaben nur umsetzen muss, wenn es zuvor auf EU-Ebene zugestimmt hat. Das wird auch missbraucht. Nachdem Deutschland auf EU-Ebene zugestimmt hat, beklagt sich die deutsche Politik bei der nationalen Umsetzung bisweilen, dass man „von Brüssel leider gezwungen sei“, so zu agieren. Die EU ist für Europa und zum

[131] *Osterloh-Konrad*, StuW 2017 S. 313; allgemein Das Gesetz der großen Zahl, Manager Magazin Oktober 2019 S. 66, wenn auch reißerisch.

[132] Überblick bei *Ditz/Licht,* Einfluss internationaler Institutionen auf die Gesetzgebung, ISR 2022 S. 290; *Schön,* Internationale Steuerpolitik zwischen Steuerwettbewerb, Steuerkoordinierung und dem Kampf gegen Steuervermeidung, IStR 2022 S. 181.

Teil beispielgebend darüber hinaus durch zahlreiche Initiativen ihres Parlaments, Rates und vornehmlich ihrer Kommission eine treibende Kraft auf dem Gebiet des Steuerrechts, vornehmlich des internationalen Steuerrechts. Wichtige Impulsgeber sind auch die informelle Staatengruppe **G7** (Deutschland, Frankreich, Italien, Japan, Kanada, USA, Vereinigtes Königreich, früher mit Russland als G8).[133] und die Staatengruppe der **G20,** zu der 19 Staaten und die EU mit ihren 27 Mitgliedstaaten gehören. Auch die **Vereinten Nationen** (UN) sind im Bereich des internationalen Steuerrechts aktiv. Die **OECD** kann keine zur Gesetzgebung verpflichtenden Vorgaben machen. Wenn sie Empfehlungen ausspricht, kann deren Nichtbefolgung durch Deutschland nicht sanktioniert werden. Faktisch folgen allerdings in jüngster Zeit immer mehr Staaten solchen Empfehlungen der OECD, etwa im Rahmen des Inclusive Framework on BEPS.[134] Zum EuGH siehe folgend.

Das **Bundesverfassungsgericht.** Gerichte entscheiden einzelne Streitfälle zwischen streitenden Parteien und machen keine Gesetze.[135] Prinzipiell gilt das auch für das Bundesverfassungsgericht, jedoch mit der Besonderheit, dass dieses Gericht ein Gesetz im Ergebnis „außer Kraft setzen kann“, durch Erklärung seiner Nichtigkeit oder seiner Unvereinbarkeit mit dem Grundgesetz. Aber auch das Bundesverfassungsgericht kann ein Gesetz nur kassieren, kein Gesetz schaffen. Die Politologen nennen es den Prototyp eines Vetospielers.[136]

Das Gericht kann jedoch dadurch auf die Gesetzgebung Einfluss nehmen, dass es bei Gelegenheit der Kassation eines Gesetzes

[133] Dazu *Petkova/Fehling,* Grenzüberschreitende Steuerkooperation im 21. Jahrhundert: Neue Impulse für die internationale Diskussion, IStR 2022 S. 409.

[134] *Schaumburg,* Internationales Steuerrecht (4. Aufl. 2017) S. 107; *Ditz/Licht* und *Schön,* Fn. 132.

[135] *F. Kirchhof,* Gerichte als Akteure der Steuerrechtsordnung, in Droege/ Seiler (Hrsg.), Eigenständigkeit des Steuerrechts (2019) S. 161; *C. Lorenz,* Die Rolle der Rechtsprechung im deutschen Steuerrecht, DStR 2022 S. 1881.

[136] *Wagschal,* Steuerpolitik und Steuerreformen im internationalen Vergleich (2005) S. 302.

darlegt, welche Regelung des betreffenden Komplexes aus seiner Sicht (noch) verfassungsmäßig wäre. Solchen obiter dicta schließt sich der Gesetzgeber gerne an, weil er damit vor einer weiteren Kassation der Regelung verschont ist. Der historische Musterfall ist das Splittingverfahren für Ehegatten in der Einkommensteuer. In seiner Entscheidung vom 17.01.1957[137] verwarf das Gericht die Addition der Ehegatteneinkünfte (sog. Haushaltsbesteuerung) als verfassungswidrig und erwähnte als verfassungsmäßige Alternative das Splittingverfahren, wie es vom Gesetzgeber dann ab 1958 auch eingeführt wurde. Die Funktion des Bundesverfassungsgerichts als Impulsgeber für Gesetze hat in der neueren Erbschaftsteuergesetzgebung eine durchschlagende Rolle gespielt, wobei es sich mit einigen Dikta zwar nicht rechtstechnisch, aber inhaltlich schon zum Quasi-Gesetzgeber aufgeschwungen hat, was auch sonst bisweilen moniert wird.[138]

Der **Europäische Gerichtshof** hat ähnlich dem Bundesverfassungsgericht eine Funktion als Vetospieler insofern als er ein Gesetz als unvereinbar mit europäischem Recht kassieren, aber kein Recht an dessen Stelle setzen kann.[139] Wenn er ein Steuergesetz für europarechtswidrig erklärt, muss der nationale Gesetzgeber es ändern, was bekanntlich nicht selten vorkommt.[140] Nach verbreiteter Auffassung hat der EuGH im Steuerrecht seine Richterrolle aber weit überschritten und faktisch die Gesetzgeberrolle usurpiert.[141]

Auch der **Bundesfinanzhof** ist kein Gesetzgeber. Sehr wohl kann er aber den Impuls zu einer Gesetzgebung geben. Er wendet in einzelnen Streitfällen die Gesetze an und legt sie dazu aus, womit

137 BVerfGE 6 S. 55.

138 Vgl. *R. Scholz*, Der gesetzgebende Richter, ZG 2013 S. 105; *F. Kirchhof*, Der Richter als Kontrolleur, Akteur und Garant der Rechtsordnung, NJW 2020 S. 1492; *Piltz*, Macht im Steuerrecht, FS Flick (1999) S. 499, 503; *Kanzler*, StuW 1996 S. 215.

139 *Schaumburg/Englisch*, Europäisches Steuerrecht (2. Aufl. 2020) S. 81, 1055.

140 *Schaumburg/Englisch*, Europäisches Steuerrecht (2. Aufl. 2020) aaO.

141 Z.B. *F. Kirchhof*, Der Richter als Kontrolleur, Akteur und Garant der Rechtsordnung, NJW 2020 S. 1492, 1495.

der Inhalt des Gesetzes dann auch allgemein über den Streitfall hinaus festgelegt ist. Es kommt vor, dass der Bundesfinanzhof das Gesetz sehr anders als der Gesetzgeber versteht, im Extremfall sogar gegenteilig. Wenn er es für dringlich hält, nimmt der Gesetzgeber das – gewöhnlich veranlasst durch die Finanzverwaltung – zum Anlass, das Gesetz auf sein Verständnis hin zu ändern, sog. Nichtanwendungsgesetz.[142] Anders als im Schrifttum bisweilen bemängelt, ist daran nichts unanständiges. Der Gesetzgeber steht – im Rahmen der Verfassung – über den Gerichten. Verschiedentlich ist der Bundesfinanzhof über die Grenzen der Auslegung hinausgegangen und hat sich damit praktisch selbst zum Gesetzgeber gemacht. Das Bundesverfassungsgericht kann das korrigieren und hat es auch mehrfach getan.[143] Das Verhältnis zwischen der Rechtsprechung des BFH und dem Gesetzgeber ist ein Dauerthema des Steuerrechts.[144] Der BFH wird auch zum Impulsgeber der Steuergesetzgebung, wenn er ein Gesetz für verfassungswidrig hält und es deshalb dem BVerfG vorlegt, und dieses zur Gänze oder teilweise ebenso entscheidet, was bekanntlich die „Zeugung" der ErbStG 2009 und 2016 war.

Einfluss über öffentlichen Druck nehmen in den letzten Jahrzehnten auch einige **Nichtregierungsorganisationen** (NGO), die sich dem Steuerrecht sowohl auf nationaler wie internationaler Ebene widmen, z.B. Netzwerk Steuergerechtigkeit, Tax Justice Network, die Bürgerbewegung Finanzwende, Fair Tax Foundation, Attac, Global Alliance for Tax Justice (GATJ) und Oxfam. Dazu gehört auch das International Consortium of Investigative Journalists (ICIJ), das durch die Auswertung und Publizierung der sog. Panama Papers und der Lux Leaks bekannt geworden ist. Sie

[142] Vgl. Tipke/Lang/*Englisch*, Steuerrecht (24. Aufl. 2021) S. 229; *Piltz*, Macht im Steuerrecht, FS Flick (1999) S. 502.

[143] Z.B. BVerfG 4.3.2021, DStR 2021 S. 777; einmal sogar den Großen Senat des BFH mit dem Verdikt „objektiv willkürlicher" Rechtsprechung, BVerfG 7.11.1995, NJW 1996 S. 833.

[144] Z.B. *Reimer*, Zusammenspiel von Rechtsprechung und Gesetzgebung, FS 100 Jahre BFH (2018) S. 227 m.w.N.; *Gattermann*, BFH und Gesetzgebung – wechselseitiger Einfluss, FS 75 Jahre RFH-BFH (1993) S. 91; *Kreile*, Der Einfluss der BFH-Rechtsprechung auf die Steuergesetzgebung, StbJb 1984/85 S. 39.

decken echte oder vermeintliche Missstände im Steuerrecht auf und fordern mehr Steuergerechtigkeit, gewöhnlich in öffentlichkeitswirksamen Kampagnen, neuestens auch durch rechtspolitische Vorschläge.[145] Solche Aktivitäten nimmt die Politik zur Kenntnis und je nach Intensität und Rezeption in der Gesellschaft reagiert sie darauf auch gesetzgeberisch. Große Teile der sog. BEPS-Gesetzgebung und die mehrstufige Verschärfung des Steuerstrafrechts durch die Rechtsprechung und den Gesetzgeber in den letzten 15 Jahren[146] sind hiervon mitbefördert worden. Die Motive solcher Aktivitäten sind nach außen stets die Sorge um Steuergerechtigkeit, Fairness und eine bessere Welt. Nach innen finden sich auch das Streben nach Karriere, Berühmtheit und Geld, bisweilen sogar unredliche Motive.

Auch die **Kirchen** sind steuerpolitisch aktiv. Materiell haben sie das Interesse an der Einkommensteuer, weil die Kirchensteuer von dieser abgeleitet ist. Aber sie gehen darüber hinaus und appellieren für Steuergerechtigkeit, worunter sie verstehen:

> Wir können hinsichtlich der Lösung heutiger Weltprobleme nicht auf Einsicht, Umkehr und Philanthropie finanzkräftiger Personen, Konzerne und Länder warten, um den notwendigen Wandel anzustoßen. Deshalb möchten wir uns hiermit der weltweiten Zachäus-Kampagne für Steuergerechtigkeit der ökumenischen Initiative New International Financial and Economic Architecture (NIFEA) anschließen.
>
> - Wir fordern Schuldenerlasse.
> - Wir fordern die Einführung einer progressiven Vermögensbesteuerung.
> - Wir fordern wirksame Maßnahmen zur Unterbindung von Steuerhinterziehung.
> - Wir fordern nachdrücklich die Einführung von progressiven CO_2-Steuern.
> - Wir fordern die sofortige Einführung einer Finanztransaktionssteuer.[147]

[145] *Schnitger/Krockow*, Vorschlag einer UN Convention on Tax von Eurodad und GATJ, IStR 2022 S. 661.

[146] Vgl. Tipke/Kruse/*Krumm*, AO/FGO, § 370 AO Rz. 14; Tipke/Kruse/*Seer*, a. a. O. § 371 AO Rz. 11.

[147] Vgl. Zachäus-Kampagne für Steuergerechtigkeit, Aufruf an die Kirchen/Landeskirchen/Diözesen/Synoden/Katholikenräte. Dieser Appell basiert auf

Die **Medien.** Es bedarf keiner Betonung, dass die Medien in der Politik eine bedeutende, teilweise entscheidende Rolle spielen.[148] Bundeskanzler *Gerhard Schröder* wusste: „Zum Regieren brauche ich nur Bild, BamS und Glotze". Die Menschen bilden sich ihre Meinung nur, wenn sie durch Funk und Fernsehen, Zeitungen, Zeitschriften, neuerdings auch durch die sozialen Medien Twitter, Facebook etc. erfahren, was geschieht. Das gilt auch für das Steuerrecht. Eine Steuerdiskussion ohne die intensive Mitwirkung der Medien gibt es nicht. Die Besonderheit ist die Vielfalt der Funktionen der Mitwirkung.[149]

Zum einen geht es um Berichterstattung. Die Medien berichten gewöhnlich über für die Allgemeinheit bedeutsame Beschlüsse des Kabinetts, des Bundestages oder des Bundesrates zum Steuerrecht und ebenso über die Diskussion zwischen Institutionen und Personen hierzu. Dass eine Steuergesetzgebung ansteht und welchen Inhalt sie hat, erfährt die Bevölkerung überhaupt erst durch diese Medienberichterstattung.

Daneben nehmen viele Medien auch selbst inhaltlich Stellung zu Steuergesetzentwürfen und zu beschlossenen Gesetzen, gewöhnlich im Kommentarteil des Mediums. Das geht von voller Zustimmung zu krasser Ablehnung und Verbesserungsvorschlägen aller Art. Hier schlägt sich gewöhnlich auch die allgemeine weltanschauliche Ausrichtung des Mediums nieder, also links,

der weltweiten, von Ökumenischem Rat der Kirchen, Lutherischem Weltbund, Weltgemeinschaft Reformierter Kirchen und Weltmissionsrat initiierten *Zacchaeus Tax Campaign* (siehe: www.wcrc.ch/zactax).

148 Aus der reichhaltigen Literatur z.B. *Rudzio*, Das politische System der Bundesrepublik Deutschland (9. Aufl. 2015) S. 451; *Schmitt-Glaeser*, Die grundrechtliche Freiheit des Bürgers zur Mitwirkung an der Willensbildung, in Isensee/Kirchhof (Hrsg.), Handbuch des Staatsrechts Bd. III (3. Aufl. 2005) S. 229, 257; *Kloepfer*, Öffentliche Meinung, Massenmedien, in Isensee/Kirchhof aaO S. 389; praktisch instruktiv *Richter*, Familienunternehmen und Verbände, FS Hennerkes (2009) S. 471, 473.

149 Vgl. *Tipke*, Die Steuerrechtsordnung Bd. III (2. Aufl. 2012) S. 1374; *Gast/Grottke/Kittl*, Politische Kontrolle der Gesetzgebung: Zu Rolle und Einfluss der Medien, Interessengruppen und Oppositionsparteien, ZG 2014 S. 43.

rechts, Mitte, unternehmerfreundlich, arbeitnehmerfreundlich etc. Objektive Sachverhaltsdarstellung ist nicht das Ziel dieser Beiträge. Es geht um Meinungsäußerung. Die Medienbeiträge sind häufig – auch in sogenannten seriösen Medien, wie z.B. Handelsblatt oder Süddeutsche Zeitung, ARD oder ZDF – ausgesprochen unfair, wenn es sich um einzelne Steuerpflichtige oder eine Gruppe von ihnen oder bestimmte Steuergestaltungen handelt. Ohne Überschriften wie „Die Steuertricks der Reichen“ oder „Wie die Konzerne sich vor der Steuer drücken“ scheint es nicht abgehen zu können, auch wenn dann festgestellt wird, dass es sich um ein völlig legales Verhalten handelt. Die Konzerne wissen (inzwischen), dass sie in Steuersachen keine faire Berichterstattung zu erwarten haben und haben daraus den Schluss gezogen, es bei einem möglichst kurzen, möglichst sachlichen, die Rechtslage darlegenden Statement zu belassen, in der Hoffnung, dass die Hysterie sich legt.[150] Auch die Wahrheit muss bisweilen Federn lassen. Im ARD Fernsehen hieß es kürzlich in einer Monitor-Sendung:

> Hunderte Milliarden Euro an Erbschaften werden jedes Jahr in Deutschland weitergegeben. Dabei gelingt es vor allem bei großen Vermögen, die Erbschaftsteuer ganz legal zu umgehen. SPD und Grüne wollten die dadurch entstehende Ungleichheit eigentlich verringern und Schlupflöcher bei der Erbschaftsteuer schließen.[151]

---

[150] Ein Musterbeispiel war die Berichterstattung nach einer Studie über die BASF SE unter dem Titel „Toxic Tax Deals – when BASF’s tax structure is more about style than substance“, die die Grünenfraktion im Europaparlament 2016 in Auftrag gegeben hatte, wonach der Konzern EUR 923 Mio. „zu wenig“ an Steuern zahlte, was der Grüne Europaabgeordnete *Sven Giegold* mit „BASF hat ein perfides System der Steuervermeidung aufgebaut. Zu Lasten der normalen Steuerzahler hat BASF in der EU 923 Millionen Euro am Fiskus vorbeigeschleust.“, kommentierte. Die BASF blieb „cool“. Vgl. Süddeutsche Zeitung vom 7.11.2016; FAZ vom 7.11. und 9.11.2016; Handelsblatt vom 9.12.2016. In einer ebenfalls von der Grünenfraktion im Europaparlament initiierten Studie vom 26.2.2021 „Harmful tax competition – How Bayer rigs corporate taxation in Europe“ kam die Bayer AG „an die Reihe“, mit ähnlichem Echo, zB. Deutsche Welle vom 4.3.2021, Palmen am Rhein (s. Google) und dem Kommentar von *Sven Giegold* „besonders aggressiv“.

[151] Krisenpolitik: Der Abstieg der Mittelschicht. Monitor vom 6.10.2022 in Das Erste WDR.

Wieso ist die seit mehr als 20 Jahren bestehende und von CDU/CSU und SPD und FDP und auch von den Grünen befürwortete und bewusst geschaffene Erbschaftsteuerbegünstigung für Unternehmen eine „Umgehung" und ein „Schlupfloch"? SPD und Grüne wollten nichts „schließen", sondern Arbeitsplätze erhalten. Das ist Populismus.

Die Medien setzen auch „subkutane" Waffen für oder gegen Meinungen und Personen ein. Gängige Praxis ist die Wiedergabe einer ihnen genehmen Position damit, dass XY das und das „gesagt", oder „dargelegt", oder „gefordert" habe, während ihnen unsympathische Menschen stets nur „poltern, hetzen, toben, ätzen, lästern, geifern" etc. Ein Beispiel (kursiver Druck nur hier):

> Das Bundesverfassungsgericht entscheidet, ob deutsche Betriebe bei der Erbschaftsteuer zu Unrecht bevorzugt werden, und die Industrie *tobt* schon mal vorsorglich.
>
> Das Gespräch mit dem Präsidenten des Bundesverbands der Deutschen Industrie (BDI) lief noch keine 30 Sekunden, da geriet der Manager zum ersten Mal so richtig in Rage. Der Gesetzentwurf der großen Koalition sei „hochgradig wirtschaftsfeindlich", „risikoreich" und „realitätsfern", *zeterte* der BDI-Chef.
>
> Sechs Jahre später macht man sich im Haus der Deutschen Wirtschaft an der Berliner Breite Straße erneut Sorgen – mit einem entscheidenden Unterschied: Während der *polternde* Präsident Jürgen Thumann 2008 vor den Folgen der damaligen Erbschaftsteuerpläne von Union und SPD warnte ...[152]

Die Medien können auch Transportmittel für Informationen zur Steuerpolitik außerhalb des redaktionellen Inhalts sein. Sowohl die Bundesregierung als auch Vertreter der Steuerpflichtigen, sogar Einzelpersonen, haben in überregionalen Tageszeitungen große Anzeigen zur Steuerpolitik geschaltet.

Neben dieser „offenen" Werbung oder Information dienen die Medien bisweilen auch als verdecktes Transportmittel für Meinungen und Argumentationen zur Steuerpolitik, indem z. B. der

[152] Süddeutsche Zeitung vom 8.7.2014.

redaktionelle Artikel einer Zeitung inhaltlich von Interessenvertretern stammt oder angefüttert oder sogar bezahlt wird.

Wegen ihrer hohen Sichtbarkeit stechen die Medien hervor, positiv wie negativ. Positiv, weil erst durch sie wichtige Steuergesetze der breiteren Öffentlichkeit inhaltlich bekannt werden. Negativ, weil über sie auch Desinformation, unredliche Absichten und bisweilen purer Unsinn transportiert werden.

Für die Politik sind die Medien (auch) in der Steuergesetzgebung von markanter Bedeutung. Durch eine hysterisch-populistische Berichterstattung können die Medien eine Steuerrechtsänderung geradezu „erzwingen“ (ein maßgebendes Element der BEPS-Gesetzgebung). Ebenso ist es durchaus möglich, dass sie ein Steuervorhaben derart „herunterschreiben“, dass die Politik sich gezwungen sieht, davon Abstand zu nehmen. Eine positive Begleitung lässt sich die daran interessierte Regierung bzw. Opposition durchaus etwas kosten, nicht durch Geld, aber durch „Informationspolitik“ gegenüber bestimmten Medienpersönlichkeiten. Wie exakt die „Begleitmusik“ der Medien ein Steuergesetzgebungsverfahren beeinflusst, lässt sich zuverlässig nicht feststellen, schon gar nicht prognostizieren. Es gilt aber als sicher, dass sie es beeinflussen können.[153]

Die **Wissenschaft.** Last but not least ist ein Akteur auf dem Gebiet der Steuergesetzgebung die Wissenschaft, vornehmlich deren Sparten Rechtswissenschaft und Finanzwissenschaft.[154] Das ist

[153] Vgl. die Fallstudie der Bertelsmann Stiftung von *Fröhlich/Schneider* zur „Großen Steuerreform“ der Regierung Kohl 1996/7, in Fischer (Hrsg.), Politische Reformprozesse in der Analyse (2008) S. 253; dazu auch *Bökenkamp*, Das Ende des Wirtschaftswunders. Geschichte der Sozial-, Wirtschafts- und Finanzpolitik in der Bundesrepublik 1969 – 1998 (2010) S. 501.

[154] Die allgemeine Steuerdiskussion bereichern auch andere Disziplinen: Philosophie, Ethik, Theologie, Politologie, Soziologie. Fast unisono mit dem Tenor: Hohe Einkommen und Vermögen (besonders durch Erbschaft) sind ungerecht und ökonomisch uneffektiv und gefährden den sozialen Frieden und müssen deshalb durch eine progressive Einkommensteuer, hohe Erbschaftsteuern und eine Vermögensteuer (großenteils) weggesteuert werden. Vgl. z.B. *Alt/Zoll*

nicht erst in der Gegenwart so. Wissenschaftler waren seit jeher als Berater, Ideengeber, Gesetzesformulierer, Kommentatoren in Steuersachen tätig, auch als das, was man heute willige Vollstrecker nennt. Als Ludwig XIV. zur Finanzierung des spanischen Erbfolgekrieges eine Steuer auf das Vermögen seiner Untertanen erheben wollte, aber wegen deren Unpopularität eine Rechtfertigung suchte, fertigten die Juristen der Universität Sorbonne in seinem Auftrag ein Gutachten, wonach dem König das gesamte Land Frankreich und das gesamte französische Vermögen bereits als persönliches Vermögen gehöre und er deshalb durch die Erhebung einer Steuer nicht anderen Personen etwas wegnehme, sondern nur sein eigenes Vermögen verwende, worauf die Steuer eingeführt wurde. Die Steuergeschichte ist voller Ideen und Entwürfen von Wissenschaftlern.[155] Das Verhältnis zwischen den Steuerwissenschaften und der Steuerpolitik ist delikat.[156]

Nach einer gewissen „Flaute" in den ersten Jahrzehnten der Bundesrepublik Deutschland sind die deutschen Steuerwissenschaften wieder auf einem hohen Stand angelangt. Die hier aktiven Institutionen (neben den auf S. 85/6 erwähnten, den Steuerpflichtigen-Interessen nahestehenden Einrichtungen) sind insbesondere

---

(Hrsg.), Wer hat, dem wird gegeben? Besteuerung von Reichtum: Argumente, Probleme, Alternativen (2016); häufiger im anglo-amerikanischen Kreis, z.B. *van Brederode* (Hrsg.), Political Philosophy and Taxation: A History from the Enlightenment to the Present (2022); *O'Neill/Orr* (Hrsg.), Taxation: Philosophical Perspectives (2018); *McGee*, The Philosophy of Taxation and Public Finance (2004); *van Brederode* (Hrsg.), Ethics and Taxation (2019). Eine Sonderrolle in Deutschland spielte der Philosoph *Peter Sloterdijk* mit Die nehmende Hand und die gebende Seite (2010); dazu kritisch *Tipke*, Die Steuerrechtsordnung Bd. III (2. Aufl. 2012) S. 1311.

155 *F.K. Mann*, Steuerpolitische Ideale (1936); *Scheer*, Steuerpolitische Ideale – gestern und morgen, in Krause-Junk (Hrsg.) Steuersysteme der Zukunft (1998) S. 155; vgl. auch die Beiträge zu dem steuergeschichtlichen Seminar in StuW 2014 Heft 1.

156 *Tipke*, Die Steuerrechtsordnung Bd. III (2. Aufl. 2012) S. 1393, 1884; *Helsper*, Von der Ausgrenzung der Wissenschaften im Steuerwesen zur wissenschaftlich fundierten Steuergesetzgebung, in *Helsper*, Wege für Beweger im Steuerwesen (2001) S. 121.

der Wissenschaftliche Beirat beim Bundesfinanzministerium,
das Max-Planck Institut für Steuerrecht und öffentliche Finanzen in München,
das RWI Leibnitz Institut für Wirtschaftsforschung in Halle,
das IFO Institut für Wirtschaftsforschung in München,
das Institut für Weltwirtschaft in Kiel,
das ZEW in Mannheim,
die Deutsche Steuerjuristische Gesellschaft DStJG,
das Fachinstitut der Steuerberater in Köln,
die Deutsche Vereinigung für Internationales Steuerrecht als deutsche Sektion der International Fiscal Association IFA und
die steuerrechtlich ausgerichteten Lehrstühle und Institute der Universitäten.

Personell repräsentiert wird die Wissenschaft von den rechtswissenschaftlichen, wirtschaftswissenschaftlichen und finanzwissenschaftlichen Hochschullehrern, die häufig den genannten Institutionen vorstehen oder ihnen verbunden sind.

Zur (unabhängigen) Wissenschaft in diesem Sinne zählen nicht die „wissenschaftlichen Beiräte“ und ähnliches der großen Beratungsgesellschaften. Sie betreiben Interessenvertretung im Gewande der Wissenschaft. Das heißt nicht, dass sie nicht Arbeiten auf wissenschaftlichem Niveau abliefern können. Aber man muss die Motivation immer mitlesen. Es handelt sich um PR-Produkte.

Wie zu Beginn dieses Buches dargelegt (S. 15), hat die Steuerrechtswissenschaft die „politischen Voraussetzungen von Steuergesetzgebung“ bisher vernachlässigt. Das heißt nicht, dass sich nicht Wissenschaftler bemüht hätten, „gutes“ Steuerrecht zu schaffen. Aus der Finanzwissenschaft sind insbesondere zu nennen *Fritz Neumark* mit „Grundsätze gerechter und ökonomisch-rationaler Steuerpolitik“[157] und *Heinz Haller* mit „Die Steuern: Grundlinien eines rationalen Systems öffentlicher Abgaben“.[158] Von den Rechtswissenschaftlern ragt sicherlich *Klaus Tipke* mit „Die

[157] 1971.
[158] 3. Aufl. 1981.

Steuerrechtsordnung“[159] heraus. Aber dabei handelt es sich um die Entwicklung von Maßstäben, Kriterien, Leitlinien für „gute“ Steuergesetze, keine Gesetzestexte selbst.

Die Politik konterte die Vorwürfe der Rechtswissenschaft, dass das geltende Steuerrecht „chaotisch, undurchschaubar, ungerecht etc.“[160] sei, damit, dass die Wissenschaft doch einmal ein besseres Steuerrecht in Form eines Gesetzestextes vorlegen möge. Tatsächlich geschah das auch. Beginnend Anfang der 1990er Jahre[161] produzierten Wissenschaftler solo oder im Team oder im Rahmen einer wissenschaftlichen Institution eine Reihe von Reformentwürfen zum Steuerrecht großenteils in der Form von Gesetzestexten mit Begründungen, insbesondere:[162]

Lang, Entwurf eines Steuergesetzbuchs (1993)[163]
P. Bareis, Einkommensteuer-Kommission zur Freistellung des Existenzminimums ab 1996 und zur Reform der Einkommensteuer (1994)
P. Kirchhof et al., Karlsruher Entwurf zur Reform des Einkommensteuergesetzes (2001)
M. Rose, Reform der Einkommensbesteuerung in Deutschland (2002)
P. Kirchhof, Einkommensteuergesetzbuch (2003)

---

[159] 3 Bände, 2. Aufl. 2000 – 2012.

[160] Vgl. den zeitlos gültigen „Rundumschlag“ von *K. Vogel*, Der Verlust des Rechtsgedankens im Steuerrecht, DStJG Bd. 12 (1988) S. 123: „Als Hochschullehrer kann man heute deutsches Steuerrecht nicht mehr ohne Scham unterrichten.“

[161] Für ältere Reformvorschläge siehe Tipke/Lang/*Hey*, Steuerrecht (24. Aufl. 2021) S. 312 Fn. 124; *Beichelt*, Steuerreformkonzepte, FS Flick (1997) S. 3; *A. Klein*, Steuermoral und Steuerrecht (1997) S. 163.

[162] Überblicke zu den Reformvorschlägen z. B. bei Tipke/Lang/*Hey*, Steuerrecht (24. Aufl. 2021) S. 311 ff.; Lademann/*Jachmann-Michel*/*Lieb*, Einführung EStG Rz. 1101 (zur ESt); *Hey*, in Herrmann/Heuer/Raupach, Einf. ESt Rz. 733; *Tipke*, Ein Ende dem Einkommensteuerwirrwarr!? (2006) S. 104; *Ders.*, Die Steuerrechtsordnung Bd. III (2. Aufl. 2012) S. 1783; *Kube*, Entwürfe für ein neues Einkommensteuergesetz, BB 2005 S. 743.

[163] BMF-Schriftenreihe Heft 49 (1993).

M. Eliker, Entwurf einer proportionalen Netto-Einkommensteuer (2004)
Mitschke, Erneuerung des deutschen Einkommensteuerrechts (2004)
Lang u. a., Kölner Entwurf eines Einkommensteuergesetzes (2005)
Kommission Steuergesetzbuch, Steuerpolitisches Programm (2006)
Sachverständigenrat/Max Planck Institut/Zentrum für Europäische Wirtschaftsformung, Reform der Einkommens- und Unternehmensbesteuerung durch die Duale Einkommensteuer (2006)[164]
P. Kirchhof, Bundessteuergesetzbuch (2011)
Lang/Eilfort (Hrsg.), Strukturreform der deutschen Ertragsteuern. Bericht über die Arbeit und Entwürfe der Kommission „Steuergesetzbuch" der Stiftung Marktwirtschaft (2013).

Alle diese Vorschläge durchweht der Geist, den *Paul Kirchhof* im Vorwort seines Bundessteuergesetzbuches (2011) wie folgt formuliert hat:

> Unser Vorschlag eines einheitlichen Bundessteuergesetzbuches ... regelt die steuerlichen Belastungen in einfacher, für jedermann verständlicher deutscher Sprache, schafft Einsicht in die Belastungsprinzipien, die Rechtsbewusstsein bilden, verteilt durch Verzicht auf Ausnahmen und Privilegien die Steuerlast auf alle Schultern der Leistungsfähigen gleichmäßig, senkt dadurch die Steuersätze, garantiert die Freiheit in einem planbaren stetigen Steuerrecht, sichert Gleichheit in der Freiheit durch eine maßvolle und gleichmäßige Last.
>
> Dieser rechtspolitische Vorschlag ist in niemandes Auftrag in wissenschaftlicher Freiheit geschrieben worden.

Mit dem letzten dieser Vorschläge erlosch allerdings diese „Reformwelle" und hat – soweit ersichtlich – auch keinen neuen Anlauf genommen.

Dass es sich bei den Werken von *Neumark*, *Haller*, *Tipke* und den vorgenannten Gesetzentwürfen um Werke, zum Teil Meisterwerke eines unparteiischen, rationalen und ethisch hochstehenden Nachdenkens und Diskutierens über ein gutes Steuerrecht handelt, wird niemand bezweifeln. Sie werden zu Recht gerühmt. Wir

---

164 BMF Schriftenreihe Heft 79 (2006).

kennen allerdings auch den Einfluss dieser Werke auf das real existierende Steuerrecht: Er ist Null. Keiner der Reformentwürfe ist verwirklicht worden, nicht einmal Teile von einem, was *Wolfgang Schön* in der ihm eigenen Ehrlichkeit und Klarheit treffend mit „Das Ende der Illusionen" betitelt hat.[165] Warum ist das so?

Hier kommen wir zurück auf die oben beschriebene Grundkonstellation der Entstehung von Steuerrecht (S. 33). Den Steueridealen geht es wie den Ideen von *Marx* und *Engels*, von denen der berühmte Biologe *Edward O. Wilson* sagte: „Wonderful theory, wrong species." Die Steuerwirklichkeit wird von Politikern gemacht. „Das politische System ... ist vor allem mit der Gewinnung, Verteilung und Ausdehnung von Macht beschäftigt."[166] Wissenschaft will dagegen Wahrheit und Gerechtigkeit durch Argumente gewinnen. Vor die Wahl gestellt, die Wahl bzw. Macht mit einem wissenschaftlich miserablen Steuergesetz zu gewinnen oder sie mit einem wissenschaftlich guten Steuergesetz zu verlieren, entscheidet sich jeder Politiker für das miserable und gegen das gute Steuergesetz.[167] Schlechte Steuerpolitik kann erfolgreiche Machtpolitik sein. In der Steuerwissenschaft kämpfen Ideen gegeneinander, in der Steuerpolitik Menschen. Das führt dazu, dass Wissenschaftler, die (ausnahmsweise) einmal Macht erlangen oder in deren Nähe kommen, diese beiden Aspekte nicht miteinander vereinen können und scheitern. Zwei Einzelschicksale mögen das veranschaulichen, *Heinz Haller* und *Paul Kirchhof.*

Heinz Haller. Nachdem in der Bundesrepublik Deutschland erstmalig nach dem 2. Weltkrieg im Herbst 1969 die CDU/CSU aus der Regierung abgewählt war und eine Koalition von SPD und FDP regierte, stand auf deren Agenda auch eine große Steuerre-

[165] Steuerpolitik 2008 – Das Ende der Illusionen, DStR 2008 Beihefter zu Heft 17 S. 10; s. auch *Wagner*, Der Homo Oeconomicus als Menschenbild des Steuerrechts, DStR 2014 S. 1133.

[166] *Di Fabio*, Die Weimarer Verfassung (2018) S. 68; näher unten S. 118.

[167] Vgl. *Piltz*, Voraussetzungen für das Gelingen einer Steuerreform – Ursachen des Scheiterns bisheriger Reformüberlegungen, DStJG Bd. 37 Erneuerung des Steuerrechts (2014) S. 405; ähnlich *Tipke*, Besteuerungsmoral und Steuermoral (2000) S. 58.

form unter ihrem Bundesfinanzminister *Alex Möller* SPD. Staatssekretär im Bundesfinanzministerium mit dem Auftrag, diese große Steuerreform vorzubereiten, wurde im April 1970 *Heinz Haller*, ein politischer Outsider, aber renommierter Professor der Finanzwissenschaft an (nach deutschen Stationen) der Universität Zürich. Nach dem Rücktritt von *Alex Möller* im Mai 1971 kam es zwischen dem neuen Bundesfinanzminister *Karl Schiller* SPD und *Haller* zu Differenzen, die ihn im Februar 1972 nach einem Krach mit dem Minister über das richtige Steuerrecht zum Rücktritt als Staatssekretär veranlassten. Von der Unterredung sagte *Haller* später: „So etwas habe ich selbst beim Kommiss nicht erlebt.“[168] Noch viel kürzer war der politische Auftritt von

Paul Kirchhof. Im Jahr 2005 war die Stimmung in der Wissenschaft und in der Politik – wieder einmal – zum Steuerrecht derart, dass das deutsche Steuerrecht an Haupt und Gliedern verrottet und ein totales Chaos sei, das es dringend zu reformieren gelte. Die CDU-Vorsitzende und Oppositionsführerin *Angela Merkel* erklärte in einem ZDF-Fernsehinterview, dass eine steuerliche Radikalreform dringend geboten und deshalb das bisherige Steuersystem „mit den Wurzeln auszureißen sei“.[169] Für den September 2005 stand eine Bundestagswahl an, deren Hauptkontrahenten der amtierende Bundeskanzler *Gerhard Schröder* SPD, in einer Koalition mit den Grünen regierend, und die CDU-Kanzlerkandidatin *Angela Merkel* waren, welche in einer Koalition mit der FDP regieren wollte. Die Steuern wurden ein bestimmendes Thema des Wahlkampfs. *Angela Merkel* berief am 17. August 2005 den Professor für Staats- und Steuerrecht an der Universität Heidelberg und Ex-Richter des Bundesverfassungsgerichts *Paul Kirchhof* in ihre Kompetenzteam genannte Wahlkampfmannschaft als künftigen Finanzminister. *Paul Kirchhof* war schon seit längerem als Kämpfer für ein „besseres“ Steuerrecht anerkannt und hatte ein Jahr zuvor seine „Steuerphilosophie“ in allgemein verständlicher Weise ver-

---

[168] Der Spiegel 11/1972.

[169] *Wagner*, DStR 2014 S. 1133.

öffentlicht,[170] aber doch eher in den steuerlich interessierten Kreisen bekannt. Das änderte sich mit seiner Designierung als Finanzminister. Wenn der berühmte Satz von *Lord Byron* „One morning I awoke and found myself famous." jemals für einen Steuerrechtler anwendbar war, dann für *Paul Kirchhof.* Von den Medien wurde er in einer geradezu unglaublichen Weise als „Wahlkampfwunderwaffe, Überraschungswaffe, Wahlkampfknaller, Wahlkampfmagnet etc." hochgejubelt.[171] *Kirchhofs* Überzeugungskraft im persönlichen Auftritt im kleinen und großen Kreise taten ihr übriges: „A Star was born". Die mit ihm verbundene Wahlkampfthese war: Die Einkommensteuer wird radikal vereinfacht mit einem proportionalen Steuersatz von 25% „für alle"!

Die Regierungsparteien SPD und Grüne mit *Gerhard Schröder* als Bundeskanzler erkannten die Gefahr und gleichzeitig das Geschenk des Himmels und schlugen zurück. Der „Professor aus Heidelberg" sei „radikal unsozial", er „jongliere mit unglaublichen Phrasen". Er sei ein „Mann der sozialen Kälte ohne Ahnung von den Realitäten". Er fördere die „Umverteilung von unten nach oben", nach ihm „zahle die Krankenschwester die gleiche Einkommensteuer wie der Chefarzt",[172] um einige der Beschimpfungen (wie man sie wohl nennen muss) zu zitieren. Das wirkte. Dieselben Journalisten und Zeitungen, die Kirchhof zuvor „hoch geschrieben hatten", schrieben ihn jetzt herunter. Auch *Angela Merkel* spürte die Gefahr und reagierte, indem sie *Paul Kirchhof* im Wahlkampf mehr oder weniger kalt stellte. Bei der Wahl erreichten die Koalitionäre in spe CDU/CSU und FDP nicht die lange für sicher gehaltene Mehrheit. Danach regierte in Deutschland eine große Koalition aus CDU/CSU und SPD. Nicht wenige lasteten diese Niederlage auch dem Auftritt von *Paul Kirchhof* an.[173] Er tat das einzige, was ein

[170] *P. Kirchhof,* Der sanfte Verlust der Freiheit: Für ein neues Steuerrecht – klar, verständlich, gerecht (2004).

[171] *Tipke,* Ein Ende dem Einkommensteuerwirrwarr!? (2006) S. 169; *Ders.,* Die Steuerrechtsordnung, Bd. III (2. Aufl. 2012) S. 1824.

[172] *Tipke* aaO. S. 1826.

[173] Zu Medien und Wirklichkeit im Wahlkampf am Beispiel *Paul Kirchhof* vgl. *Langguth,* Der politisch-publizistische Komplex zwischen Allmacht und

Mann von Charakter nach dieser „Behandlung“ tun kann, und zog sich aus der Politik zurück.[174] Vor rund 100 Jahren hatte diese Erfahrung schon der in der US-Steuerpolitik maßgebend aktive Yale-Professor *T.S. Adams* gemacht: „Modern tax making ... is, first of all, a hard game in which he who trusts wholly to economics, reason and justice, will in the end retire beaten and disillusioned.“

Markanter und sichtbarer ist der Gegensatz zwischen Steuerpolitik und Steuerwissenschaft nicht geworden. *Angela Merkel* wollte die Macht. *Paul Kirchhof* wollte ein gutes Steuerrecht. Solange sich *Angela Merkel* von *Paul Kirchhof* und seinen Ideen den Machterwerb versprach, setzte sie ihn ein. Als er dem Machterwerb schädlich wurde, musste er gehen. *Paul Kirchhofs* lebenslanges Steuermotto, das auch seinem Bundessteuergesetzbuch zugrunde liegt, nämlich „Die bessere Idee setzt sich durch.“, war widerlegt. Im Steuerrecht gilt, dass auch die beste Idee zu ihrer Verwirklichung des Wollens hoch unterschiedlicher Menschen bedarf und am Ende einer Entscheidung des Machthabers, also in der Demokratie von Regierung und Parlament. *Wolfgang Schäuble* wusste (als Bundesfinanzminister): „Demokratie beruht nicht auf dem Prinzip, dass sich der Klügere durchsetzt.“[175]

Es gibt noch weitere Indikatoren für die Einflusslosigkeit der Steuerrechtswissenschaft auf die Steuerpolitik. Von den Gutachten des von dem Bundesfinanzminister selbst berufenen, aber inhaltlich unabhängigen Wissenschaftlichen Beirats beim Bundesfinanzministerium[176] – ebenfalls eine überragende Ansammlung von Sach-

---

Ohnmacht, in Köhler/Schuster (Hrsg.), Handbuch Regierungs-PR (2006) S. 122.

[174] Ein Echo schimmert aus einem Interview im Oktober 2005: „Es ist für mich eine wichtige Erfahrung, dass es nicht um die bessere Konzeption ging, sondern um die Macht.“ (Cicero 10/2005 S. 64), und aus dem Interview „Zeitzeugen im Gespräch“ im Deutschlandfunk am 26.5.2016: „Ich möchte keinen Tag missen, aber auch keinen Tag hinzufügen.“

[175] Zitiert bei *Tipke*, Steuerrecht als Wissenschaft, FS Lang (2010) S. 53.

[176] Der Wissenschaftliche Beirat beim Bundesministerium der Finanzen, Entschließungen, Stellungnahmen und Gutachten von 1949 bis heute.

verstand –, ist soweit ersichtlich von der Politik noch kein Vorschlag übernommen worden. Immerhin hat kürzlich das BMF auf einen Vorschlag des Wissenschaftlichen Beirats hin die Gründung eines „Instituts für empirische Steuerforschung" (IfeS) angekündigt, das neben der „Verbesserung der Dateninfrastruktur für die Wissenschaft im Steuerbereich" auch die „evidenzbasierte Forschung im Bereich der Steuerpolitik [durch] eine engere Verzahnung der Wissenschaft mit Politik und Verwaltung" vorantreiben soll.[177]

Ähnlich liegt es mit dem 1964 eingerichteten Sachverständigenrat zur Begutachtung der gesamtwirtschaftlichen Entwicklung (üblicherweise die Fünf Wirtschaftsweisen genannt). Obwohl seine Mitglieder auf Vorschlag der Bundesregierung durch den Bundespräsidenten berufen werden, sind sie nach dem SVRG staatsunabhängig. Der Rat hat die Aufgabe, in jährlichen Gutachten allen wirtschaftspolitisch verantwortlichen Instanzen sowie der Öffentlichkeit die jeweilige gesamtwirtschaftliche Lage und deren absehbare Entwicklung darzustellen. Er soll Fehlentwicklungen und Möglichkeiten zu deren Vermeidung oder deren Beseitigung aufzeigen, jedoch keine Empfehlungen für bestimmte wirtschafts- und sozialpolitische Maßnahmen aussprechen. An letztere Regelung in § 2 SVRG hält sich der Rat regelmäßig nicht. Er nimmt auch zu Steuerfragen Stellung und gibt steuerpolitische Empfehlungen an die Bundesregierung ab.[178] Die Bundesregierung muss dem nicht folgen und tut es meistenteils auch nicht. Jedoch nimmt die Bundesregierung in ihrem Jahreswirtschaftsbericht auch zum Jahresgutachten des Sachverständigenrats Stellung.

Als Paradigma für den Einfluss der Steuerrechtswissenschaft auf die Steuergesetzgebung kann auch die 1976 unter der Ägide von *Klaus Tipke* gegründete Deutsche Steuerjuristische Gesellschaft (DStJG) stehen. Nach ihrer Satzung hat sie den Zweck:

[177] Vgl. BT-Drucks. 19/31668 und 19/32541 sowie *Peuthert/Schaebs*, DB 2021 S. 2650.

[178] Zuletzt im November 2022 im Jahresgutachten 2022/23: Höhere Steuer für Hochverdiener.

a) Die steuerrechtliche Forschung und Lehre und die Umsetzung steuerrechtswissenschaftlicher Erkenntnisse in der Praxis zu fördern.

d) In wichtigen Fällen zu Fragen des Steuerrechts, insbesondere zu Gesetzgebungsvorhaben, öffentlich oder durch Eingaben Stellung zu nehmen.

e) Das Gespräch zwischen den in der Gesetzgebung … und in Forschung und Lehre tätigen Steuerjuristen zu fördern.

Auf ihren Jahrestagungen seit 1976 und in 44 veröffentlichten Tagungsbänden[179] hat sich aus der Feder der Crème de la Crème der deutschen Steuerrechtswissenschaft ein unglaublicher Fundus an steuerrechtlichem Können, Fleiß, Intelligenz, Ideen, Durchdringung sowohl für die Anwendung des geltenden Rechts als auch für die Entwicklung eines besseren Steuerrechts gesammelt. Es ist stets ein juristisch-intellektuelles Vergnügen, in den Tagungsbänden die Vorstellungen der Steuerrechtswissenschaft über das richtige und verfassungsmäßige Steuerrecht zu lesen. Als im Vorstand und Beirat (dem der Verfasser angehörte) der Gesellschaft zu ihrem 40-jährigen Jubiläum diskutiert wurde, einen Beitrag zur Wirkungsgeschichte der DStJG hinsichtlich der Steuergesetzgebung zu beauftragen, wurde das verworfen. Das Ergebnis wäre ein weißes Blatt gewesen.

So ging es auch rechtspolitisch aktiven Einzelkämpfern. Wohl kein anderer Steuerwissenschaftler war neben *Paul Kirchhof* steuerpolitisch so aktiv wie *Joachim Lang* mit ausformulierten Gesetzesentwürfen und Grundlagenarbeiten dazu.[180] Er fasste seine Enttäuschung über das Nichtzustandekommen einer Reform zusammen:

[179] Die erste Tagung fand am 16.11.1976 zu dem Thema „Die Steuergesetzgebung in der Bundesrepublik Deutschland“ statt mit Beiträgen aus verschiedenen Perspektiven: aus der Sicht des Steuerrechtswissenschaftlers *Tipke*, StuW 1976 S. 293; des Parlamentariers *Kreile*, StuW 1977 S. 1; des Ministerialbeamten *Uelner*, DStR 1977 S. 119; des Steuerzahlers *von Arnim*, StuW 1977 S. 252; des Richters *Voss*, StuW 1977 S. 255; ein Tagungsband erschien nicht. Im März 1996 hat die Arbeitsgruppe für Steuerreform der DStJG unter dem Vorsitz von *Joachim Lang* „Beschlüsse zur Reform des Steuerrechts“ gefasst, StuW 1996 S. 203. Das Thema ist auch in *Jachmann* (Hrsg.), Erneuerung des Steuerrechts, DStJG Band 37 (2014) angesprochen.

[180] Vgl. *Schön*, Der vollständige Steuerjurist, StuW 2018 S. 293.

Als die Kommission Steuergesetzbuch im Juli 2004 … einberufen wurde, war das Projekt von einem *allgemeinen politischen* Konsens über die Notwendigkeit einer vereinfachenden Steuerrechtsreform getragen. Es fehlte nurmehr ein letzter Mosaikstein, der für die Überwindung der Vielfalt von Gruppeninteressen unabdingbar ist: Die *politisch starke Persönlichkeit, die von dem Willen beseelt ist, die Steuerrechtsreform zu leisten.*[181] (kursiv im Original)

Der „letzte Mosaikstein" ist noch zu zart. Die „politisch starke Persönlichkeit" ist sowohl das Fundament wie der Schlussstein der Reform, ohne die nichts angefangen und nichts beendet wird. Es sind Politiker, die eine Steuerreform machen, und es sind Politiker, die sie nicht machen.

Ein Musterbeispiel des Umgangs der Politik mit Steuer-Reformvorschlägen stellt auch der Bericht der Abteilungsleiter (Steuer) der obersten Finanzbehörden des Bundes und der Länder „Grundlegende Reform des Steuerrechts. Bewertung der verschiedenen Steuerreformkonzeptionen" vom 16.2.2004 im Auftrag aller Ministerpräsidenten der Bundesländer dar. Dort werden sechs Reformvorschläge nach den Kriterien Vereinfachung, Übergangsproblematik, Aufkommenswirkungen, Verteilungsgerechtigkeit, rechtliche Kontinuität, Vereinbarkeit mit übergeordnetem Recht, wirtschaftliche Auswirkungen, Neutralität der Besteuerung analysiert. Die geschätzten Mindereinnahmen lagen je nach Modell bei -19, -20, -31, -44 und -60 Mrd. Euro. Der Beschlussvorschlag lautete auszugsweise:

Sie (die Finanzminister und Senatoren) halten eine grundlegende Reform des Steuerrechts für erforderlich. Im Vordergrund steht die Vereinfachung des Einkommensteuerrechts. Dabei sind die Auswirkungen auf Steuerbürger und auf die öffentlichen Haushalte zu beachten.

Die Finanzminister und Senatoren übermitteln den Bericht an die Ministerpräsidentenkonferenz und empfehlen ihr, eine Steuerreformgruppe der Länder einzusetzen und den Bund zu bitten, sich hieran zu beteiligen. Die Arbeitsgruppe soll ausgehend von den Gemeinsamkeiten der Modellvorschläge einen Gesetzentwurf zur Änderung des Einkommensteuerrechts erarbeiten.

[181] *Lang*, Über die Unfähigkeit deutscher Politik zur Steuervereinfachung, FS Spindler (2011) S. 139, 152.

Und dann hat man nichts mehr davon gehört.

Der Autor vergisst auch nicht eine Szene vor rund 40 Jahren im Bundesfinanzministerium noch in Bonn, als ein Professor stolz sein Gutachten zu einer rechtspolitischen Frage dem Staatssekretär übergab, dieser es mit allen Zeichen der Begeisterung durchblätterte, dem Professor „tausendmal“ für seine großartige Arbeit dankte und nach einer halben Stunde Austausch dem Professor bei der Verabschiedung dem Sinne nach sagte: „Wenn Sie jetzt gehen, könnten Sie mir den Gefallen tun, das beim Portier für das Archiv abzugeben, weil unser Bote heute krank ist.“ Und er vergisst auch nicht den Kommentar eines Spitzenbeamten aus dem Bundesfinanzministerium, welches das körperschaftsteuerliche Anrechnungsverfahren abschaffen wollte, wogegen über 70 Professoren mit klingenden Namen einen Aufruf unter der Überschrift „Verteidigt das Anrechnungsverfahren gegen unbedachte Reformen“ starteten:[182] „Jetzt wissen wir, dass wir richtig liegen.“ Das ist von Seiten des Staatssekretärs und des Spitzenbeamten kein Zynismus und auch keine Verachtung der fremden geistigen Leistung, sondern schlicht die Beschreibung des Stellenwerts der Wissenschaft im steuerlichen Gesetzgebungsverfahren. Und was den letzteren konkreten Anlass betraf, lagen die Wissenschaftler auch falsch. Ihr Einleitungssatz „Die Abschaffung des Anrechnungsverfahrens wäre der größte konzeptionelle Fehler, der im Steuerrecht in Deutschland jemals begangen wäre.“ ist in der Rückschau nicht überzeugend und war das auch damals schon nicht.

Die Einflusslosigkeit der Wissenschaft auf die Politik steht in einem merkwürdigen Gegensatz zu den offiziellen Verlautbarungen der Politik zu den Steuerwissenschaften. Diese haben meistens den Tenor: „Schätzen wir sehr, ganz wichtig, wegweisend, visionär, nehmen wir sehr ernst, von bleibendem Wert, Sie haben sich verdient gemacht, großartig“. Aber nach jeder dieser Lobeshymnen kommt das Todesurteil: „Politisch leider nicht durchsetzbar.“ Das ist gutes Politsprech und suggeriert dem Gegenüber: „Ich bin ja

---

[182] *Siegel/Bareis/Herzig/Schneider/Wagner/Wenger* und 72 weitere Professoren, BB 2000 S. 1269.

ganz Ihrer Meinung, aber leider hindern mich höhere Mächte daran, dem zu folgen.“ Eher selten äußert ein Politiker öffentlich, dass die Steuergesetzgebung ein Instrument der Politik ist, für die Steuerrechtsprinzipien „immer nur Referenzpositionen“ sind, wie es *Axel Nawrath* (als Staatssekretär im BMF) tat,[183] wofür er viel Kritik einstecken musste. Dabei hatte er nur laut gesagt, was schon 1954 ein späterer Wirtschaftsminister im Bundestag erklärt hatte: „Wir lassen uns auch nicht durch größeren Fachverstand von unserer politischen Richtung abbringen“,[184] was verbreitetes politisches Selbstverständnis ist. „Der praktisch handelnde Politiker wird die Kriterien der Rationalität [in der Steuerpolitik] nicht allzu anspruchsvoll fassen.“ erkannte ein prominenter Steuerpolitiker.[185] Die „gesetzgebenden“ Beamten der Ministerialbürokratie wissen das (natürlich): „Die Änderungen der Steuergesetze erfolgen kaum nach wissenschaftlich ergangenen juristischen Empfehlungen, sondern sind das Ergebnis eines heftigen Verteilungskampfes.“[186]

Ebenfalls in einem merkwürdigen Gegensatz zur Einflusslosigkeit der Steuerwissenschaft steht die Beflissenheit vieler Steuerwissenschaftler, der Politik beratend zur Verfügung zu stehen, zB. in Anhörungen zu Gesetzesvorhaben (wovon der Autor keine Ausnahme machte). Die dorthin Berufenen wissen, dass sie die Position der politischen Richtung unterstützen sollen, die sie benannt hat. Dass sie es trotzdem tun, liegt wohl an mehreren Gründen: Dem Land zu einem besseren Steuerrecht verhelfen, rufförderned, dadurch sichtbar, in der communio so üblich, Eitelkeit etc.

Das alles ist nicht nur im Steuerrecht so. „In der parlamentarischen Gesetzgebungspraxis spielen rechtsdogmatische Rationalitätskrite-

[183] Entscheidungskompetenz des Gesetzgebers und gleichheitsgerechte Sicherung des Steueraufkommens, DStR 2009 S. 2; *Ders.*, Politische Leitlinien der Unternehmenssteuerreform 2008, JbFAStR 2008/9 S. 11.

[184] Zitiert nach *Nöll v.d. Nahmer*, StuW 1971 S. 179.

[185] *Michael Glos* (MdB 1. stellv. Vorsitzender der CDU/CSU-Bundestagsfraktion und Vorsitzender der CSU-Landesgruppe im Bundestag), Steuergesetze auf dem Prüfstand, FS Solms (2005) S. 294.

[186] *Koch* (als Leiter der Steuerabteilung im BMF), StbJb 1978/79 S. 72.

rien – durchaus funktionsadäquat – eine untergeordnete Rolle.“[187] Ein Gesetzgebungsinsider (Beamter im Bundeswirtschafts- und -finanzministerium) erkennt:

> Die Dominanz politischer Rationalität führt letztlich dazu, dass etwa wissenschaftliche Beratung keinen unmittelbaren Einfluss auf das politische Handeln ausübt, obwohl sie das Wissen der Entscheidungsträger erweitern, empirische und sachorientierte Lösungen fördern kann. Wissenschaftliche Expertise wird meist nur im Rahmen politischer Opportunitäten genutzt und als Rechtfertigung instrumentalisiert, obwohl sie doch Entscheidungsgrundlage sein sollte. … Am häufigsten wurde die Aufgabe von Expertisen angeführt, Entscheidungen, die bereits getroffen worden waren oder kurz davor standen, getroffen zu werden, wissenschaftlich rechtfertigen zu können; auch der Zweck, mit „objektiven Gründen für die Ablehnung unerwünschter Forderungen“ versorgt zu werden, ist nach dieser Untersuchung ein wichtiges politisches Motiv für die Einholung wissenschaftlicher Gutachten, auch um beispielsweise durch sachliche Expertise dem Druck organisierter Interessen entgegenzuwirken.
>
> Und selbst wenn wissenschaftliche oder fachrationale Erkenntnisse vorliegen, die das Gesetz im Sinne einer Fachrationalität „besser“ machen könnten, kann deren Berücksichtigung bereits daran scheitern, dass sie als ein politisch nicht wünschenswertes Nachgeben gegenüber dem politischen Gegner gewertet werden könnten.[188]

Trotz allem Defätismus: Die Wissenschaft ist für die Steuergesetzgebung von hohem Wert. Sie ist in hervorragendem Maße berufen und fähig, den verfassungsrechtlichen Rahmen der Steuergesetzgebung auszuloten,[189] was im Zuge der sog. Konstitutionalisierung

---

[187] *Schulze-Fielitz*, Theorie und Praxis parlamentarischer Gesetzgebung (1988) S. 525.

[188] *Steinbach*, Rationale Gesetzgebung (2015) S. 41; zur Irrationalität der Demokratie bei der Gesetzgebung auch *Kischel*, Rationalität und Begründung, FS Kirchhof, Leitgedanken des Rechts (2013) Bd. I S. 371.

[189] Was umfänglich geschehen ist, z. B. von *P. Kirchhof* als Lebensthema, zuletzt in Hermann/Heuer/Raupach, Einführung zum EStG Rz. 100–356: Verfassungsrechtliche Grundlagen der Einkommensteuer (2020); *Ders.*, Das Verfassungsrecht – Auftrag und Grenze staatlicher Besteuerungsgewalt, in Droege/Seiler (Hrsg.), Eigenständigkeit des Steuerrechts (2019) S. 79; umfassend *Wernsmann* in Hübschmann/Hepp/Spitaler, AO § 4 Rz. 370–778: Verfassungsmaßstäbe für Steuergesetze (2020); Tipke/Lang/*Hey*, Steuerrecht (24. Aufl. 2021) S. 98: Verfassungsrechtliche Maßstäbe des Steuerrechts; *Schön*, Steuerreform in

des einfachen Rechts einschließlich des Steuerrechts[190] grundlegend wichtig ist. Zwar entscheidet hierüber mit abschließender Verbindlichkeit alleine das Bundesverfassungsgericht. Aber man kann sich dessen Entscheidungen ohne die umfangreiche Diskussion in der Wissenschaft kaum vorstellen, zumal stets ein Teil der Richter des Bundesverfassungsgerichts Rechtswissenschaftler sind.

Für ein gegenüber dem geltenden Steuerrecht besseres Steuerrecht können nur ihre unabhängigen Ergebnisse überhaupt einen Maßstab liefern. Die Wissenschaftler sind stark im „Sollen". Für die Entwicklung von Regeln für eine „gute Gesetzgebung" sind die Wissenschaftler sogar zuerst berufen, wenn man sich hier von den politikgebundenen steuergesetzgebenden Institutionen nichts erhofft. *Schulze-Fielitz* hat Recht:

> Reine Professoren-Entwürfe pflegen zunächst oft zu scheitern, soweit sie nicht von vornherein die konträren betroffenen (und organisierten) politischen Interessen angemessen berücksichtigen; z. B. hat ein legistisch-systematisch noch so perfektes Einkommensteuerrecht mit „Bierdeckel"-Charme ohne soziale Ausgewogenheit keine Verwirklichungschancen. Gleichwohl bleiben solche Vorarbeiten auch für spätere erfolgreiche Neuanläufe wichtige Fundamente.[191]

Deutschland – Anmerkungen zum verfassungsrechtlichen Rahmen, FS Solms (2005) S. 263; *Kempny*, Steuerrecht und Verfassungsrecht, StuW 2014 S. 185.

[190] Vgl. *Seiler*, Verfassung in ausgewählten Teilrechtsordnungen: Konstitutionalisierung und Gegenbewegungen im Steuerrecht? VVDStRL 75 (2016) S. 333; *Wernsmann*, Konstitutionalisierung des Steuerrechts und Gegenbewegungen, DVBl 2015 S. 1085; *Waldhoff*, Demokratie und Freiheit im bundesrepublikanischen Steuerstaat: Finanz- und steuerverfassungsrechtliche Diskurse 1949 bis 2018, in Huhnholz (Hrsg.), Fiskus-Verfassung-Freiheit (2018) S. 325; allgemein *Volkmann*, Allgemeine Grundrechtslehren, in Herdegen/Masing/Poscher/Gärditz (Hrsg.), Handbuch des Verfassungsrechts (2021) S. 1051.

[191] Wege, Umwege oder Holzwege zu besserer Gesetzgebung, JZ 2004 S. 868.

7.

Die Interessen der Akteure

Hier geht es um das, was *Ihering* die „Kriegsziele" genannt hätte. Den „Obersatz" hat einmal ein „gesetzgebender" Beamter formuliert: „Bei der Steuergesetzgebung versucht, wie auch sonst im Leben, jeder auf seine Kosten zu kommen."[192]

a) Die Interessen des Staates

Der Staat als Ganzes

Das Interesse des Staates als Gesamtheit verstanden (Bund, Länder, Gemeinden) ist zuvörderst das Geld. Das Geld, um die staatlichen Aufgaben zu erfüllen (Art. 109 Abs. 2 GG). Der moderne Staat ist bekanntlich Steuerstaat (*Isensee*). Die Einnahme von Geld zur Erfüllung der staatlichen Aufgaben ist das zentrale Ziel der Steuergesetzgebung. Deswegen ist die aus der Wissenschaft zu hörende Forderung, „es dürfe keine Steuerpolitik nach Aufkommensorientierung" geben,[193] rührend. Für den Finanzminister geht es um nichts anderes!

Allerdings darf die Erzielung von Einnahmen Nebenzweck sein (§ 3 Abs. 1 AO). Deshalb sind auch sog. Lenkungsteuern zulässig, die die Steuerpflichtigen zu einem bestimmten (außersteuerlichen) Verhalten veranlassen sollen.[194] Das geschieht umfassend,

---

[192] *K. Koch* (als Ministerialdirektor und Leiter der Steuerabteilung im BMF), Aktuelle steuerpolitische und steuerrechtliche Fragen, StbJb 1978/79 S. 73.

[193] Vgl. *Juchum*, Das Bohren dicker Bretter, FS Lang (2010) S. 393.

[194] Dazu umfassend *Sieker* (Hrsg.), Steuerrecht und Wirtschaftspolitik, DStJG Bd. 39 (2016).

z.B. zur Wohnraumbeschaffung, Forschungsförderung, Konjunktursteuerung, Kulturförderung, Umweltschutz, Förderung der Landwirtschaft, der deutschen Seeschifffahrt, des Sports (für die Fußballweltmeisterschaft 2006 wurde per ordre de mufti ein rechtswidriges Sondersteuerrecht geschaffen),[195] fast in jedem Politikbereich. Daraus kann sich eine Gegenläufigkeit ergeben. Wenn der Staat die Mineralöl- oder Tabak- oder Alkoholsteuer erhöht, um die Menschen vom Autofahren, Rauchen und Alkoholtrinken abzubringen, riskiert er damit seine Einnahmen, im Extremfall bis zum Versiegen. In diesem Fall stellt der Staat die Geldeinnahme der Gesundheit seiner Angehörigen oder der Vermeidung von Umweltverschmutzung hintan.

In den 1960er Jahren hoch gehandelt wurde die Konjunktursteuerung durch Steuergesetzgebung, niedergeschlagen in dem damals berühmten Stabilitäts- und Wachstumsgesetz vom 8.6.1967.[196] Die damit eingeführten §§ 51 Abs. 3 EStG und 33 Abs. 1 Nr. 2 lit. b KStG ermächtigen die Bundesregierung, durch Rechtsverordnung mit Zustimmung des Bundesrates die Einkommensteuer und die Körperschaftsteuer um höchstens 10% herabzusetzen oder zu erhöhen. Voraussetzung ist, dass eine Störung des gesamtwirtschaftlichen Gleichgewichts eingetreten ist oder sich abzeichnet, die (für eine Herabsetzung) eine nachhaltige Verringerung der Umsätze oder der Beschäftigung zur Folge hatte oder erwarten lässt, insbesondere bei einem erheblichen Rückgang der Nachfrage nach Investitionsgütern und Bauleistungen oder Verbrauchsgütern oder die (bei einer Heraufsetzung) erhebliche Preissteigerungen mit sich gebracht hat oder erwarten lässt, insbesondere, wenn die Nachfrage nach Investitionsgütern und Bauleistungen oder Verbrauchsgütern das Angebot wesentlich übersteigt. Von dieser seinerzeit als geniales Feinsteuerungsinstrument der Konjunktur

[195] OFD Münster 10.2.2006, DStR 2006 S. 376; dazu *Anzinger*, Steuerbefreiung der FIFA anlässlich der Fußballweltmeisterschaft 2006 in Deutschland durch Ministererlass – demokratisch legitimiert und volkswirtschaftlich zweckmäßig? FR 2006 S. 857. Die Bundesregierung hielt den Steuerausfall geheim (BT-Drs. 15/1425 S. 4); dazu *Di Fabio* JZ 2007 S. 749, 753.

[196] BStBl. I 1967 S. 266.

gerühmten Ermächtigung wurde bisher kein Gebrauch gemacht. Der von August 1970 bis Juni 1971 erhobene „Konjunktur-Zuschlag“ wurde nicht auf das StabG gestützt, sondern durch ein spezielles Gesetz geschaffen.

Allerdings laufen die Interessen der staatlichen Ebenen Bund, Länder und Gemeinden keineswegs immer gleich, ganz im Gegenteil häufig konträr. Bezüglich der Steuern ist das schon darin im Grundgesetz angelegt, dass für die Steuergesetze ganz überwiegend der Bund das Gesetzgebungsrecht hat (Art. 105 GG), dass aber die Steuereinnahmen zwischen dem Bund und den Ländern aufgeteilt werden (Art. 106 GG). Die einzelnen Länder oder die Länder als Gesamtheit (sog. 16:0 Beschluss) verfolgen durchaus egoistische Interessen, wobei der Sachzusammenhang mit Steuern keineswegs eine Rolle spielen muss. Etwas karikaturesk ausgedrückt hat sich schon manches Land seine Zustimmung im Bundesrat zu einem Steuergesetz mit einer neuen Straßenbeleuchtung abkaufen lassen (s. Beispiel S. 123). Bei jeder Gesetzgebung, die die Gewerbesteuer berührt, haben die Gemeinden ein entscheidendes, wenn nicht das entscheidende Wort mitzureden. Seit Bestehen der Bundesrepublik erklären so gut wie alle Wissenschaftler, dass die Gewerbesteuer „überholt“ sei, ein „Atavismus“, in „keiner Weise zu rechtfertigen“, „ein Fremdkörper“ und insgesamt „völlig unhaltbar“, und werden in regelmäßigen Abständen intelligente und ausgefeilte Reformvorschläge zur Gewerbesteuer vorgelegt.[197] Aber das Ergebnis ist stets Null, weil die Gemeinden dazu als Vetospieler „nein“ sagen. Mit der Ergänzung von Art. 28 Abs. 2 S. 3 GG um die „den Gemeinden mit Hebesatzrecht zustehende wirtschaftsbezogene Steuerquelle“ ist es den Gemeinden 1997 gelungen, die Gewerbesteuer quasi „verfassungsfest“ zu machen. Rechtstatsächlich reicht das Veto des Stadtkämmerers einer bedeutenderen Stadt, die sich aus der Reform Nachteile ausrechnet, um eine Gewerbesteuerreform zu Fall zu bringen.

[197] Siehe Glanegger/*Güroff*, GewStG (10. Aufl. 2021) § 1 Rz. 58; vgl. dortige Nachweise vor Rz. 57; Tipke/Lang/*Hey*, Steuerrecht (24. Aufl. 2021) S. 848.

Politische Parteien

Wie gesagt, sind für die Steuergesetzgebung die politischen Parteien die entscheidenden Institutionen. Das Interesse der Parteien ist zweispurig:

Die eine Spur ist ihr Interesse an der Macht, für die regierende Partei die Machterhaltung, für die Opposition der Machterwerb. Dass Macht ganz allgemein das Ziel politischer Parteien ist, ist für alle Beobachter unstreitig.[198]

Max Weber: „Wer Politik betreibt, erstrebt Macht – Macht entweder als Mittel im Dienst anderer Ziele – idealer oder egoistischer – oder Macht um ihrer selbst willen: Um das Prestigegefühl, das sie gibt, zu genießen.“[199] Und: „Die Partei ist stets ein um Herrschaft kämpfendes Gebilde.“[200]

Carlo Schmid, einst Vizepräsident des Deutschen Bundestages und Stellvertretender Vorsitzender der SPD-Fraktion sowie eine Ikone deutschen Demokratieverständnisses, erkannte in einem heute noch lesenswerten Aufsatz: „Eine Partei, die nicht nach der Regierungsmacht strebt, ist in der parlamentarischen Demokratie eine Sinnlosigkeit.“[201]

Ein Gesetzgebungsinsider (Beamter im Bundeswirtschafts- und Finanzministerium):

Macht und politische Unterstützung sind für Politik und Politiker unverzichtbar, da sie allein politische Gestaltungspotenziale von Bedeutung ermöglichen. Keine politische Entscheidung ist frei von Zwängen. Das politische Überleben hängt maßgeblich davon ab, sichtbare Erfolge zu generieren oder zumindest Zustimmung für sich oder die eigene politische Gruppierung zu erhalten – deshalb fokussieren sich die politischen

[198] *Di Fabio*, Herrschaft und Gesellschaft (2018) S. 113; zur politischen Macht allgemein *Vittorio Hösle*, Moral und Politik: Grundlagen einer politischen Ethik für das 21. Jahrhundert (1997) S. 390.

[199] Politik als Beruf (1919).

[200] Wirtschaft und Gesellschaft (4. Aufl. 1956) S. 639.

[201] Der Deutsche Bundestag in der Verfassungswirklichkeit, FS Schoettle (1964) S. 267, 276.

Entscheidungsträger hierauf. Politisches Handeln orientiert sich an den Konsequenzen für bestehende Machtverhältnisse zwischen den Parteien, Fraktionen, Interessengruppen und einzelnen Amtsinhabern.[202]

Das Machtmotiv ist unabdingbar. Denn ohne Macht lässt sich nichts bewirken und gestalten, weder Gutes noch Böses. Bei den Parteien ist das Wort „Macht“ allerdings verpönt. Dort herrscht die Vokabel „Regierungsverantwortung“. Die Partei, die an die Macht will, sagt: „Die XY-Partei ist jederzeit bereit, die Regierungsverantwortung zu übernehmen.“

Das alles gilt auch für die Steuergesetzgebung. *Klaus Tipke* hat es wie folgt zusammengefasst:

Die Steuerpolitik hingegen strebt nach Gesetzen, die dem Machterwerb oder der Machterhaltung dienen. Da die Macht auf gewonnenen Wahlen beruht, ist die Steuerpolitik – anders als die Steuerrechtswissenschaft – wählerabhängig. Die Steuerpolitik geht vom ‚Primat der Politik‘ aus.[203]

Neben dem Machtinteresse ist die zweite Spur das inhaltliche Interesse der Parteien an der Gestaltung der Lebensverhältnisse, nach eigenem Bekunden: Gerechtigkeit, Solidarität, die Welt zu einem besseren Platz machen, Wohlstand, Arbeitsplätze, Gleichberechtigung etc. Das soll auch durch das Steuerrecht erreicht werden. In den Programmen aller deutschen Parteien dient seit jeher die Besteuerung nicht nur dem Geldeinnehmen, sondern auch der Herstellung einer gerechten und wohlständigen Gesellschaft. Hier spiegeln sich die politischen Grundeinstellungen der Parteien, insbesondere in der weitläufigen Unterscheidung zwischen Links und Rechts. *Erhard Eppler* (als Vorsitzender der SPD-Steuerreformkommission) hat es treffend zusammengefasst:

Das gesamte Steuerrecht ist Ausdruck von Interessen, die in der Politik wirksam sind, es ist Ausdruck politischen Willens. Also wird eine sozialdemokratische Steuerpolitik auch sozialdemokratische Gesellschaftspolitik

---

[202] *Steinbach*, Rationale Gesetzgebung (2015) S. 37.

[203] *Tipke*, StuW 2013 S. 105; *Ders.* ausführlich in Die Steuerrechtsordnung Bd. III (2. Aufl. 2012) S. 1364, 1885; ähnlich *Hey*, Steuerplanungssicherheit als Rechtsproblem (2002) S. 69; vgl. auch *Schön*, Leitideen des Steuerrechts, StuW 2013 S. 292.

sein. Wer sich darüber wundert, versteht von Sozialdemokratie noch ein bisschen weniger als vom Steuerrecht.[204]

Dazu gehört auch das Umverteilungs-Interesse. Je nach Ideologie der Parteien wollen diese die in der Gesellschaft bestehende Vermögens- und Einkommensverteilung in der Weise ändern, dass die Vermögenden und Besserverdiener abgeben und die Armen und Geringverdiener mehr erhalten. Dass die Besteuerung hierzu ein höchst geeignetes Instrument ist, ist offenbar, zur Umverteilung des Vermögens die Vermögensteuer und die Erbschaftsteuer, zur Umverteilung des Einkommens die Einkommensteuer. Umverteilung „von oben nach unten" ist das Stichwort hierzu.

Politiker

In der allgemeinen Wahrnehmung ist der moderne Politiker Berufspolitiker, manche ausschließlich, (nur) hier ist auch ohne Studium, Examen etc. eine große Karriere möglich. Aber auch wenn er einen „Hauptberuf" hat, widmet er die meiste Zeit der Politik. Einstellung und Verhalten der Politiker verändern sich im Laufe ihrer Berufslebenszeit. Am Anfang steht vielfach Idealismus, häufig geprägt durch persönliche Erfahrung wie Armut, Demütigung etc., der zum Eintritt in eine politische Partei mit dem Ziel bewegt, „die Welt zu einem besseren Platz zu machen". Diese Phase wird in kleinen Schritten abgelöst von der Einsicht in die faktischen Notwendigkeiten des Politbetriebes und führt zu einer Realpolitik um Macht, Posten, Geld etc. In der Schlussphase des politischen Lebens, wenn kein weiterer Aufstieg mehr zu erwarten ist, folgt dann häufig wieder eine Phase charakterlicher Läuterung und Rückkehr zu den Idealen der Jugend, die auch zu einer milden Form der Ehrlichkeit führen, die man sich vorher „nicht leisten konnte". Diesem Lebenslauf entsprechen dann auch die Interessen.

Den Politikern geht es nach eigenem Bekunden als Kernelement der Politik um die Gestaltung der Lebensverhältnisse zum Vorteil

[204] *Eppler* auf dem außerordentlichen Parteitag der SPD vom 18.-20.11.1971, zitiert nach *Klein*, Unstetes Steuerrecht, StbJb 1989/90 S. 16.

der Bürger, und um Deutschland und die Welt zu einem besseren und gerechteren Platz zu machen, zusammengefasst das Gemeinwohl.

Hinzukommt das menschlich-persönliche Interesse wie bei den meisten anderen Menschen auch.[205] Die Öffentlichkeit möchte gerne glauben, dass Politiker ihre Entscheidungen nur am Maßstab ihres Gewissens und des Gemeinwohls sowie ihrer Parteilinie ausrichten (weshalb sie getadelt werden, wenn sie an ihrem Stuhl kleben, obwohl ihr Gewissen ihnen einen Rücktritt gebieten müsste). Diese Erwartung verkürzt. Der Politiker denkt (auch) an seine Karriere in der Politik und an seine Finanzen. Werde oder bleibe ich Abgeordneter, Staatssekretär oder Minister? Für die Berufspolitiker ist das unentbehrlich, wie die Personaldiskussion um die Minister- und andere Posten nach jeder Wahl zeigt. Was bedeutet es für meine politische Karriere, wenn ich einmal „Nein" sage? Wieviel verdiene ich, wenn ich aufsteige? Wie lange muss ich noch im Amt sein, um einen Pensionsanspruch zu haben? Welche Pension bekomme ich, meine Frau oder mein Mann? Das sind für jeden Politiker vitale Fragen. Wenn der Politiker das selbst nicht glaubt oder glauben will, wird ihm seine Familie die Richtung weisen (oder auseinanderbrechen). Die Interessen der Politiker pflegen sich im Laufe ihrer Amtszeit zu verändern. Der Jungpolitiker kann sich zwei, drei Fehlstarts leisten. Wer vor dem Ende seiner politischen Laufbahn steht, muss an seine persönlichen Umstände denken: Altersversorgung, Ausbildung der Kinder, Nachfolgeaktivitäten. Deswegen konnten die „Jungen" in der SPD im Jahr 2017 so entschieden gegen die Große Koalition sein, während die „Alten" dafür waren. Selbstredend wird über diesen Aspekt

[205] Die Erkenntnis, dass Politiker (mindestens auch) eigennützige Ziele wie Macht, Ansehen und Geldeinkommen anstreben, wird oft dem amerikanischen Autor *Anthony Downs*, An Economic Theory of Democracy (1957) unter dem Stichwort „Public Choice" zugeschrieben. Das trifft für die wissenschaftliche Darstellung in seiner Art zu. In der Sache war sie schon der Antike bekannt und ist von Politikern seit Beginn der Überlieferung (nicht nur, aber auch) praktiziert worden. Spätestens *Niccolo Machiavelli* hat es aufgeschrieben. Für die US-amerikanische Gegenwart vgl. *Vittorio Hösle*, Globale Fliehkräfte – eine geschichtsphilosophische Kartierung der Gegenwart (2021).

von Politikern nicht gesprochen, allenfalls wenn sie beschlossen haben, sich aus der Politik zurückzuziehen.[206] Hier entfaltet sich auch das weite Feld von Patronage, Klientelismus und Patrimonialismus bis zur „Postenschieberei" und zum „Ämterkauf".[207]

In die Steuergesetzgebung können diese Individualinteressen freilich kaum einfließen. Partei- und Fraktionsdisziplin sowie die Gefahr einer Ächtung durch die Öffentlichkeit setzen hier enge Grenzen. Trotz Art. 38 GG ausgeprägt ist dagegen das Interesse der Mitglieder des Bundestages, die Interessen ihrer Partei zu fördern, z. B. in Steuersachen ohne eigene Willensbildung so abzustimmen, „wie es die Fraktionsführung befiehlt".[208]

Die Ministerialbürokratie

Das Interesse der Ministerialbürokratie im Bundesfinanzministerium und den Landesfinanzministerien in der Steuergesetzgebung ist sicherlich erstrangig die Schaffung eines guten Steuergesetzes sowohl in den Belastungsaussagen als auch in der praktischen Vollzugsfähigkeit – natürlich im Rahmen der politischen Zielvorgaben.[209] Politisches Sendungsbewusstsein in Richtung einer „gerechteren und besseren Steuerwelt" gibt es – gerne nach politischen Richtungsumschwüngen wie 1969 zur ersten SPD-geführten Bundesregierung nach dem 2. Weltkrieg – aber selten vorrangig. Zu einer aus der Sicht der Ministerialbürokratie guten Steuergesetzgebung gehört auch ein gewisses Beharrungsvermögen im Sinne von Festhalten an bewährten Prinzipien des Steuerrechts. Die allen Bürokratien inhärente Tendenz zur Personal-, Budget- und Einflussausweitung gibt es, aber eher moderat. Ämterpatronage kommt auch unterhalb der Ebene der politischen Beamten vor, aber eher selten und findet in der Unentbehrlichkeit des steuerlichen Fachwissens eine gewisse Grenze.

[206] Oder von ihren Ehepartnern, vgl. für Großbritannien *Sasha Swire*, Diary of an MP's Wife (2020).

[207] *Hofmeister*, Parteien gestalten Demokratie (2021) S. 52.

[208] Vgl. *A. Klein*, Steuermoral und Steuerrecht (1997) S. 153.

[209] *Häfele*, FS Meyding (1994) S. 55.

Aber wie Politiker haben auch Ministerialbeamte ihre individuellen, persönlichen, privaten Interessen. Die meisten wollen aufsteigen, d.h. befördert werden. Ein durch schriftstellerische und vortragende (Neben-)Tätigkeit gemachter Name kann das fördern. Natürlich wird auch wegen des Geldes geschrieben und vorgetragen. Manche verlassen das Beamtenverhältnis und wechseln in die Beratung, wo sie bisweilen ein Mehrfaches verdienen können. Andere wechseln nach ihrer Pensionierung, was bei einem in seiner aktiven Zeit als ausgeprägt fiskalisch geltenden Beamten einen hässlichen Geschmack verursachen kann. Das ist keinesfalls zu verwechseln mit den Beamten, die nach ihrer Pensionierung steuerliche Fachliteratur schreiben, oft sehr gute, weil sie ihr in Jahrzehnten gewonnenes Fachwissen ohne Zeitdruck und Dienstdisziplin weitergeben wollen. Das wird zu Recht als eine höchst ehrenwerte und für die Steuergemeinde wertvolle Aktivität gewertet.[210]

Auch hier ist ein Durchschlagen der Individualinteressen auf den Gesetzesinhalt nicht relevant, auch objektiv kaum möglich. Ein Beamter, der die Abschaffung einer Steuer bedauert, weil damit sein Kommentar gegenstandslos wird, kann daran nichts ändern.

Ein Beispiel

Es ist offenbar, dass die Institutionen und Menschen auf Staatsseite ganz verschiedene und auch gegenläufige Interessen haben können, im Extremfall jeder gegen jeden. Warum etwas Steuergesetz wird, ist oft nicht vorausberechenbar und selbst im Nachhinein oft nicht feststellbar. Ein klassisches Beispiel ist die von der damaligen SPD-Grünen Bundesregierung (Bundeskanzler *Gerhard Schröder*, Finanzminister *Hans Eichel)* initiierte Steuerreform 2000:

Unter Lafontaine wollte die SPD 1997 nicht unter einen Einkommensteuerspitzensatz von 50% gehen, im Bundestagswahlkampf 1998 nicht unter 48%, im ersten Gesetzesentwurf wurde er auf 45% heruntergehandelt und in der Nacht vor der entscheidenden Bundesratssitzung am 14. Juli 2000

[210] *Tipke*, Die Steuerrechtsordnung, Band III (2. Aufl. 2012) S. 1379; *Franke*, Steuerpolitik in der Demokratie (1993) S. 334, 373.

war die weitere Senkung auf 42% (ab 2005) der Preis für die Bundesratsstimmen von Rheinland-Pfalz. ... Vor der Abstimmung konnte die Regierung auf 23 sichere Bundesratsstimmen bauen, d.h. ihr fehlten 12 Stimmen für eine Zustimmung des Bundesrates. 18 Stimmen standen offen: Mecklenburg-Vorpommern (SPD-PDS: 3) sowie Berlin (CDU-SPD: 4). Die Stimmen aus Mecklenburg-Vorpommern waren am einfachsten und billigsten zu haben: Ein symbolischer Empfang des Schweriner PDS-Chefs Holter im Bundeskanzleramt sowie einige Infrastrukturmaßnahmen genügten. Teurer kam Bremen, das um seine Existenz kämpfte und mit der Garantie der Eigenstaatlichkeit, Zusagen beim Länderfinanzausgleich sowie Finanzhilfen überzeugt werden musste. ... Am wichtigsten waren die Stimmen aus Rheinland-Pfalz, die einen Dominoeffekt bei den beiden Großen Koalitionen auslösten (FAZ vom 15.7.2000: 3). Der entscheidende Akteur war der rheinland-pfälzische Wirtschaftsminister Brüderle (FDP), der in einwöchiger Geheimverhandlung mit Bundeskanzler Schröder eine Verbesserung für den Mittelstand in Höhe von 1,75 Milliarden Mark und die weitere Senkung des Spitzensteuersatzes erwirkte (Die Welt vom 19.7.2000). Diepgen wiederum machte seine Haltung von den Rheinland-Pfälzern abhängig, allerdings nicht ohne selbst noch über 100 Millionen Mark für Berlin auszuhandeln und die Mittelstandsnachbesserung als Legitimation heranzuziehen (Die Welt vom 20.7.2000). Der Brandenburger Ministerpräsident Stolpe (SPD) verhielt sich wie Diepgen 1992, indem er seine Entscheidung an die des Regierenden Bürgermeisters koppelte, wobei rund 500 Millionen Mark diese Entscheidung erleichterten. Am Ende waren alle unsicheren 18 Bundesratsstimmen auf Seiten der Bundesregierung.[211]

b) Die Interessen der Steuerpflichtigen

Ebenso wenig wie auf Seiten des Staates sind auf Seiten der Steuerpflichtigen die Interessen stets gleichlaufend. Es kommt darauf an, wer von welcher Steuer getroffen wird.

[211] *Wagschal*, Steuerpolitik und Steuerreformen im internationalen Vergleich (2005) S. 214; vgl. auch *Ganghof*, Wer regiert in der Steuerpolitik? Einkommensteuerreform zwischen internationalem Wettbewerb und nationalen Verteilungskonflikten (2004).

Die Steuerpflichtigen haben ein einfaches Ziel: möglichst wenig Steuern zahlen. Wie schon *Jean Paul* 1794 schrieb: „Die Unterthanen jagen nach keiner anderen Freiheit als der Steuerfreiheit." Der Reichskanzler Fürst *von Bülow* erregte im Reichstag 1905 einige Heiterkeit mit dem Ausspruch: „Steuern zahlt man weniger aus Patriotismus als aus Zwang; kann man sich ihnen entziehen, so tut man es nicht ungern. Insbesondere hat jede neue Steuer etwas unbeschreiblich Ungemütliches."[212] Das resultiert in jedem Steuergesetzgebungsverfahren in der Forderung, Steuererhöhungen zu unterlassen und bereits bestehende Steuern zu senken. Obwohl sich in der Bevölkerung vermutlich 100% Zustimmung dafür finden lässt, dass das Zahlen von Steuern zur Erfüllung der staatlichen Aufgaben unvermeidlich und auch moralisch gerechtfertigt ist, wird doch die Steuererhebung von dem einzelnen als heftiger und häufig auch moralisch fragwürdiger Eingriff in seine individuellen Rechte empfunden. Die prototypische Argumentation ist: „Selbstverständlich bin ich bereit, dem Staat zu geben, was des Staates ist, und Steuern zu zahlen. Aber nur, wenn die Steuern fair und gerecht verteilt sind. Und das sind sie derzeitig nicht." Es ist ein Faszinosum der „Steuerwelt", dass in jeder bekannten Steuerjurisdiktion zu jedem Zeitpunkt die Mehrheit (rd. 60%) der Bevölkerung der Auffassung ist, dass die Steuerlasten „ungerecht verteilt" seien.[213] Einen Steuerpflichtigen, der freudig erklärt, er allein wolle im geltenden Steuersystem höhere Steuern als bisher zahlen („mit gutem Beispiel vorangehen"), hat noch niemand entdeckt. Zwar gibt es immer wieder Hochverdiener und vermögende Personen, die – stets medienwirksam – erklären, eine höhere Besteuerung wäre gerechter, und sie würden gerne dazu beitragen, aber nur, wenn es alle in gleicher Weise trifft.[214] Da letz-

[212] Reichstag 6. Sitzung 6. Dezember 1905; im Anschluss an *Otto von Bismarck*, vgl. *Grabower*, Bismarck und die Steuern, FinArch 1962/63 S. 377, 417.

[213] ZB. *Liebig/Mau*, Wann ist ein Steuersystem gerecht? Einstellungen zur Gerechtigkeit der eigenen Steuerlast, Zeitschrift für Soziologie 2005 S. 468; *Schmölders*, Finanz- und Steuerpsychologie (1970) S. 61.

[214] ZB. die (zukünftige) „BASF-Erbin" *Marlene Engelhorn*, in Süddeutsche Zeitung vom 24. 25. 26. Dez. 2021 Nr. 298 S. 23 und zahlreichen anderen Quellen, die sich googeln lassen; Schwarz Pharma Erbe *Antonis Schwarz*, SPIEGEL GELD 4/2021 S. 14, wir_eigentum Januar 2022 S. 36, in der ARD-Sendung

teres Illusion ist, mag man den ersten Teil der Aussage nicht recht glauben. Die meisten dieser Aussagen dienen der Ablenkung vom eigenen Reichtum zur Neidvermeidung und der Beifallsheischerei. Auf die einfache Lösung, ihr Vermögen den Armen zu schenken, kommen diese Menschen so gut wie nie. Aus gutem Grunde. Sie wissen, dass am Tage nach der Schlagzeile „XY verschenkt sein Vermögen" niemand mehr etwas mit ihnen zu tun haben will, und außerdem ist Reichsein besser als Armsein.

Positives Interesse der Steuerpflichtigen an ihrer Besteuerung lässt sich aus den jahrzehntelangen Diskussionen um die Gewerbesteuer als Gemeindesteuer heraushören. Manche Unternehmen waren mit ihr jedenfalls dem Grunde nach nicht ganz unzufrieden, weil sie als Gewerbesteuerzahler in ihrer Gemeinde eine so starke Position hatten, dass die Gemeinde allen Grund hatte, zu ihnen „nett" zu sein, um es zart auszudrücken. Missgünstige sprachen von Erpressungspotential.

Im Detail laufen die Interessen der Steuerpflichtigen häufig extrem auseinander. Die Lobbyisten bilden keine Einheitsfront. Das resultiert schon daraus, dass Steuern nicht alle Steuerpflichtigen in gleicher Weise betreffen: Für eine Änderung der Mineralölsteuer, Tabaksteuer, Alkoholsteuer, Versicherungsteuer etc. interessieren sich die Hersteller dieser Produkte und die Vertreter der Steuerpflichtigen, die am Ende von solchen Steueränderungen betroffen werden, z.B. die Autofahrer, für die sich der ADAC stark macht. Eine Erhöhung der Einkommensteuer im hohen Bereich begrüßen die Gewerkschaften und lehnen sie im niedrigen Bereich ab, während die Unternehmer sie im hohen Bereich ablehnen und sich zum niedrigen Bereich nicht äußern. Ähnlich liegt es mit der Erbschaftsteuer und Vermögensteuer, die den Besitzenden ein Dorn im Auge ist, während die Nichtbesitzenden nichts gegen sie haben,

Monitor am 6.10.2022 und öfter. Die Millionärs-Initiative #taxmenow startete im Bundestagswahlkampf 2021 eine Petition für eine höhere Besteuerung von Reichen, Tagesspiegel vom 10.9.2021. Vgl. auch die Studie von *Kaesemann* et al., NextGens – Zwischen Erbe und Idealismus, https://www.phineo.org/magazin/forschungsprojekt-nextgen; Kurzfassung in RFamU 2022 S. 366.

sondern ihre Erhöhung bzw. ihre Wiedereinführung fordern. Steuern, die die Landwirtschaft belasten oder entlasten, werden gewöhnlich von den Landwirten völlig anders eingeschätzt als von den Umweltverbänden BUND etc. Die Kfz-Steuer ist nicht nur ein Zankapfel zwischen den politischen Parteien, sondern auch den Steuerpflichtigen je nach der Art ihrer Verbindung zur Kfz-Branche. Für den ermäßigten oder Nullsteuersatz bei der Umsatzsteuer interessieren sich die davon betroffenen Steuerpflichtigen, was andere kalt lässt. Sogar die, welche keine Steuern zahlen, beklagen sich darüber, dass Steuervergünstigungen ihnen nichts nutzen. Ganz allgemein sind Steuervergünstigungen für andere „Steuerschlupflöcher" und solche für einen selbst verwirklichen die Steuergerechtigkeit. Etwas technischer fallen die Gegensätze zwischen großen Kapitalgesellschaften und mittelständischen Kapitalgesellschaften sowie Personengesellschaften aus, wenn es um die Thesaurierungsbegünstigung oder die Optionsbesteuerung für letztere geht. Es ist vorgekommen, dass der BDI und der DIHK äußerst konträre Positionen vertraten. Und auch innerhalb dieser Organisationen herrscht keineswegs stets Harmonie. Die Politik weiß das durchaus zu nutzen: „Einigt Euch doch erst mal selbst." Diese Gemengelage führt zu dem seit Bestehen der Bundesrepublik beklagten, aber nie ernstlich (weil wählerstimmenschädlich) gelichteten „Dschungel" von Steuersubventionen, die dreijährlich im Subventionsbericht der Bundesregierung aufgezählt werden.[215]

Neben den Belastungswirkungen einer Steuer bezieht sich das Interesse der Steuerpflichtigen häufig auch auf deren praktische „Handhabbarkeit". Die Rechtssicherheit steht hier im Vordergrund.[216]

Viele Wissenschaftler gehen davon aus, dass die Steuerpflichtigen ein Interesse an einem gerechten, einfachen usw. Steuerrecht hät-

215 Tipke/Lang/*Hey*, Steuerrecht (24. Aufl. 2021) S. 1329, 1341.

216 Vgl. *Hey*, Steuerplanungssicherheit als Rechtsproblem (2002); *Blaufus/Keß*, Rechtssicherheit im Unternehmenssteuerrecht – Ergebnisse einer Befragung, StuW 2022 S. 241; vgl. die BDI-Vorschläge zur Betriebsprüfung, in *BDI/Ebner Stolz*, Steuer- und Wirtschaftsrecht 2022 (2022) S. 101.

ten. Manche wie *Paul Kirchhof* gründen darauf ihre Erwartung, dass die Steuerpflichtigen sich das real existierende chaotische, ungerechte etc. Steuerrecht nicht mehr gefallen lassen würden. Der erste Befund ist richtig, aber nur solange, als er sich im Abstrakten hält. In concreto wollen die Steuerpflichtigen Steuerprivilegien für sich und Steuerprivilegien anderer Steuerpflichtiger verhindern. Die zweite Vermutung ist falsch. Wenn man den Äußerungen der Steuerwissenschaftler glaubt, ist das deutsche Steuerrecht seit 1950 in einem „unhaltbaren Zustand". Die Bevölkerung scheint darunter nicht so zu leiden, dass sie Folgerungen zöge, z.B. durch Demonstration, Wahlentscheidung, von Rebellion ganz zu schweigen. Von einigen spektakulären Einzelfällen abgesehen liegt das zum einen daran, dass die absolute Höhe der Steuern (noch) nicht erdrückend ist, und zum anderen, dass das Steuerrecht so kompliziert ist, dass die Bevölkerung es schlicht nicht versteht und sich deswegen auch nicht dagegen wenden kann. Was von dem Lebenseinkommen eines Menschen mit den verschiedenen Steuern ESt, GewSt, USt, MinÖlSt (ab 2006 EnergieSt), TabakSt, GrundSt, GrErwSt, ErbSt und den zahllosen „versteckten" Steuern weggenommen wird, weiß kein Steuerpflichtiger. Der Autor hat es für sich zu errechnen versucht und nach Erreichen der 70%-Schwelle entnervt aufgegeben.

8.

Die Instrumente der Akteure

Hier geht es um die technischen Instrumente, die die Akteure des Steuerkampfes für die Verwirklichung ihrer Interessen einsetzen können und auch einsetzen, abzugrenzen von den Argumenten dem Inhalte nach, welche sie zur Unterstützung ihrer Anliegen vortragen (dazu S. 157). *Ihering* hätte von den „Waffen" gesprochen. Die kriegerische Terminologie ist immer noch populär. Finanzminister *Peer Steinbrück* drohte 2009 der Schweiz, die „Kavallerie ausreiten zu lassen", um Steuerhinterzieher zu fangen, und Finanzminister *Olaf Scholz* wollte 2020 die wirtschaftlichen Folgen der Coronakrise mit der „Bazooka" bekämpfen.[217]

a) Die Instrumente des Staates

Der Staat als Ganzes

Der Staat setzt seine Interessen mit den Mitteln des Gesetzgebungsverfahrens durch, also durch den Entwurf des Gesetzes und das Ingangsetzen des Verfahrens gem. Art. 76 ff. GG. Als Teilelemente dessen finden wir noch eine Reihe von Maßnahmen, mit denen der Staat bzw. seine Repräsentanten das Zustandekommen des Gesetzes fördern können und das auch – in unterschiedlicher Intensität – tun. Dazu gehören:

Innerhalb des Gesetzgebungsverfahrens gem. Art. 76 ff. GG hat der Staat, insbesondere die Regierung, eine ganze Reihe von

[217] Auch im Übrigen ist die „Steuersprache" durchaus martialisch, vgl. *Wehling*, Von viel Leid und wenig Freud: Reden über Steuern, APuZ 2017 S. 6.

„Begleitinstrumenten" neben den Grundgesetz-Akten, die nicht immer alle ehrenwert sind. Dazu gehören z.B. irreführende Gesetzesbezeichnungen, das „Anhängen" von Steuernormen an andere Gesetze, Gesetzesänderungen in letzter Minute, „Nacht- und Nebelaktionen" oder „Handstreichgesetze",[218] Stellungnahmefristen, die auf keinen Fall eingehalten werden können und auch nicht sollen, das „Verstecken" hinter EU-Verpflichtungen, die man zuvor selbst bewusst eingegangen ist, Unehrlichkeit in der Gesetzesbegründung (der Klassiker ist die Bezeichnung eines Gesetzes als „klarstellend", das in Wirklichkeit eine Rechtsänderung bewirkt, um verfassungsrechtlichen „Rückwirkungsproblemen" zu entgehen), schließlich unverständliche Gesetzestexte. „Manchmal ist eine Regelung nur deshalb politisch durchsetzbar, weil keiner weiß, was sie genau heißt. Die Deutungsoffenheit des Begriffs sichert damit den Konsens."[219] Die Bemerkung von Bundesinnenminister *Horst Seehofer* im Juni 2019 „Man muss die Gesetze kompliziert machen – dann fällt es nicht so auf."[220] gilt mit Einschränkungen auch für das Steuerrecht.[221] Dazu gehören auch „geschönte" Schätzungen von Steuermehreinnahmen oder -mindereinnahmen, um ein Gesetz zu befördern oder abzulehnen sowie das „Kleinschätzen" des Verwaltungsaufwandes, den die

[218] Beispiel ist die ab 1999 eingeführte sog. Tonnagebesteuerung gem. §5a EStG, deren Entstehung *Gerhard Juchum* (ehemals Ministerialdirektor und Leiter der Steuerabteilung im BMF) wie folgt kommentierte: „Ohne Partizipation [Anhörungen etc.] entstand kurz vor der Wahl 1998 die widerlichste Steuervergünstigung, die ich kenne: Die Tonnagesteuer mit Lohnsteuereinbehalt, verabredet von der „Küstengang" quer durch die Parteien mit dem Reederverband, unauffällig ohne das beschriebene Verfahren mit diskreter Formulierungshilfe aus dem BMF ins Gesetz geschleust.", vgl. *Juchum*, Das Bohren dicker Bretter, FS Lang (2010) S. 396.

[219] *Thüsing*, Gute Gesetze, FS K. Schmidt Bd. II (2019) S. 515, 516.

[220] Süddeutsche Zeitung vom 7.6.2019.

[221] Zu unverständlichen Steuergesetzen vgl. *Seer*, Steuervereinfachung – Postulat des Rechts, BB 2021 S. 1433; *Seer/Michalowski*, GmbHR 2017 S. 609 am Beispiel der erbschaftsteuerlichen Unternehmensbegünstigungen; *P. Kirchhof*, Steuervereinfachung – Schritt für Schritt, DStR 2021 S. 2761; *A. Klein*, Steuermoral und Steuerpolitik (1997) S. 213; vgl. auch *Engelhardt/Hegmann/Panther,* Fiskalillusion aus der Sicht der Neuen Institutionenökonomik, in Smekal/Theurl (Hrsg.), Stand und Entwicklung der Finanzpsychologie (1994) S. 121.

Steuerpflichtigen aufbringen müssen.[222] Auch die Katastrophendrohung wird eingesetzt. Im Hinblick auf das Verfahren über die Pendlerpauschale vor dem BVerfG behaupteten der hessische Ministerpräsident *Koch* und Bundesfinanzminister *Steinbrück* in einem Zeitungsbeitrag, dass bei einem Erfolg des Verfahrens die Handlungsmöglichkeiten des Staates in einer Art eingeschränkt wären, die die Reformfähigkeit in der Steuerpolitik lähmen würde.[223] Das Gericht blieb von dem Panikszenario ungerührt und es trat auch nicht ein.[224] Ebenso wenig trat die Steuerausfallkatastrophe ein, die Deutschland dem Europäischen Gerichtshof in dem Verfahren bezüglich der Europarechtswidrigkeit des (damaligen) Körperschaftsteueranrechnungsverfahrens vortrug.[225]

Zu den „Gesetzgebungsinstrumenten" kann (ausnahmsweise) auch das Nichtstun gehören. Die Vermögensteuer war immer schon eine Steuer mit wenig Aufkommen und viel Verwaltungsaufwand, die nur wenige Steuerpflichtige (ca. 350.000 natürliche Personen und 350.000 Kapitalgesellschaften) belastete, aber eine hohe Symbolwirkung hatte: „Die Reichen zahlen." Keine Partei wagte es auch nur im Ansatz, sie abzuschaffen oder sich für ihre Abschaffung einzusetzen. Dann erklärte das BVerfG sie mit Beschluss vom 22.6.1995[226] wegen der unterschiedlichen Bewertung von Immobilien gegenüber anderen Vermögenswerten wegen Verstoßes gegen Art. 3 GG für verfassungswidrig und bestimmte das Jahresende 1996 zu ihrem Auslaufen, falls bis dahin kein neues verfassungsmäßiges Gesetz geschaffen sei. Die damalige Bundesregierung aus CDU/CSU und FDP wollte das VStG „offiziell" aufheben, was am Widerstand der Opposition scheiterte. Aber für eine verfassungsmäßige Vermögensteuer tat sie auch nichts, durchaus glücklich über die „Steilvorlage" des Bundesverfassungsgerichts.[227] Danach existierte das Vermögensteuergesetz zwar noch, war aber nicht

[222] Ein Beispiel findet sich in FR 2021 S. 306.

[223] Süddeutsche Zeitung vom 3.9.2008 S. 5.

[224] BVerfG 9.12.2008, BVerfGE 122 S. 210.

[225] EuGH 6.3.2007 – „Meilicke", vgl. die Glosse in FR 2007 S. 311.

[226] BStBl. II 1995 S. 655.

[227] Vgl. Tipke/Lang/*Seer*, Steuerrecht (24. Aufl. 2021) S. 1033; *Kronthaler*, Jahressteuergesetz 1997 (1996) S. 19.

mehr anwendbar. Auch später wurde keine der Regierungsparteien (CDU/CSU, SPD, Grüne, FDP) für die Vermögensteuer aktiv. Andererseits wagt es aber auch keine Partei, die Vermögensteuer „offiziell" abzuschaffen. 2002 brachte der Bundesrat im Bundestag einen Antrag auf Aufhebung des Vermögensteuergesetzes ein,[228] der im Bundestag klar scheiterte. 2021 beantragte die FDP-Fraktion, das Vermögensteuergesetz (auch) formell aufzuheben,[229] welcher Antrag im Bundestag am 10.6.2021 scheiterte. Im Koalitionsvertrag 2021 von SPD, Grünen und FDP steht nichts dazu.

Begleitend zu den obigen Instrumenten setzt der Staat ein, was gewöhnlich als Öffentlichkeitsarbeit bezeichnet wird.[230] Dazu dienen das Presse- und Informationsamt der Bundesregierung, die Bundespressekonferenz, der Geschäftsbericht der Bundesregierung, Regierungserklärungen. Eingesetzt werden Regierungssprecher, Pressereferenten und -sprecher, Medienberater, Werbeagenturen, Spin Doktoren, Denkfabriken (think tanks). Politiker nehmen an Talkshows etc. teil (heute ein unentbehrlicher Strang). Medien werden mit Presseerklärungen, Konferenzen und anderen Informationen versorgt, Interviews werden gegeben, Informationskampagnen, Wikipedia-Einträge, Tage der Offenen Tür, Twitter und andere soziale Medien. sog. Hintergrundgespräche mit den Medien, Einzelkontakte mit Medienvertretern, Einzelkontakte mit bedeutenden Steuerpflichtigen. Politiker veröffentlichen Bücher[231] und schreiben Beiträge in Zeitungen.

Für die Steuerpolitik stehen heraus die jährlichen Jahreswirtschaftsberichte (federführend BMWI), die auch einen Abschnitt

[228] BR-Drs. 909/02 vom 10.12.2002.

[229] BT-Drs. 19/25789 vom 12.1.2021.

[230] Dazu *Köhler/Schuster* (Hrsg.), Handbuch Regierungs PR (2006); *Schmölders*, Finanz- und Steuerpsychologie (1970) S. 204; *Ders.*, Öffentlichkeitsarbeit der Finanzverwaltung, FS Etzel (1967) S. 335.

[231] Z.B. *Norbert Walter Borjans* (als Finanzminister Nordrhein-Westfalen), Steuern – der große Bluff (2018); *Carl-Ludwig Thiele* (als stellvertretender Vorsitzender der FDP-Bundestagsfraktion und Vorsitzender der Arbeitsgruppe Steuern und Finanzen der FDP-Bundestagsfraktion), Was wird aus der Erbschaftsteuer? (2007).

zur Steuerpolitik enthalten. Der jährliche Finanzbericht des BMF erläutert die Haushaltsvorlage der Bundesregierung und berücksichtigt finanz- und gesamtwirtschaftliche Aspekte einschließlich der Steuern. In seinen Monatsberichten stellt das BMF aktuelle politische Maßnahmen und Ereignisse und finanzwirtschaftliche Übersichten und Grafiken vor. Die Datensammlung zur Steuerpolitik, die regelmäßig aktualisiert wird, enthält Statistiken zu allen Steuern. Daneben veröffentlicht das BMF – neben den „amtlichen" Verlautbarungen wie dem Bundessteuerblatt – eine Reihe von Broschüren und Informationen zum Steuerrecht für Steuerlaien.

Die Öffentlichkeitsarbeit der Bundesregierung, des Bundestages, der Fraktionen, einzelner Abgeordneter und weiterer staatlicher Institutionen ist nicht ohne Rechtsrahmen. Ihn hat das Bundesverfassungsgericht in einer Reihe von Entscheidungen geschaffen.[232] Im Tenor ist die Information der Bevölkerung durch die staatlichen Institutionen einerseits deren Pflicht, andererseits ist sie insbesondere durch das Verbot begrenzt, sich in den Wahlkampf parteiisch einzumischen. Öffentlichkeitsarbeit ist nicht billig. Im Jahr 2019 gab das BMF dafür EUR 4,8 Mio. aus.[233] Nicht immer eindeutig ist dabei die Abgrenzung von der Information der Öffentlichkeit zu der von dem „Medienkanzler" *Gerhard Schröder* nach dem Vorbild von *Tony Blair* und seinen Spin-Doctors in Großbritannien entwickelten Manipulation der Öffentlichkeit (permanentes Regieren im „Wahlkampfstil").[234]

---

[232] Vgl. *Busch-Janser/Köhler*, Staatliche Öffentlichkeitsarbeit – eine Gratwanderung, in Köhler/Schuster (Hrsg.), Handbuch RegierungsPR (2006) S. 169; *Chr. Möllers*, Demokratie, in Herdegen (Hrsg.) Handbuch des Verfassungsrechts (2021) Rz. 42; sowie die Grundgesetzkommentare zum Stichwort Öffentlichkeitsarbeit.

[233] Antwort des BMF auf eine kleine Anfrage der Grünen Bundestagsfraktion.

[234] Zur Öffentlichkeitsarbeit des BMF siehe *Schmidt-Deguelle* (Staatssekretär a. D. und Medienberater des Finanzministers *Hans Eichel* von 1999 bis 2005), Mehr als nur reaktives Handeln: Die Praxis der Medienberatung, in Nullmeier/Saretzki, Jenseits des Regierungsalltags (2006) S. 99.

Die „Trickkiste", wie wir es heute nennen würden, des Staates in der Steuerpolitik und -gesetzgebung hat erstmals vor 120 Jahren der Italiener *Amilcare Puviani* als eine Art staatliches „Ewigkeitsphänomen" beschrieben,[235] in den Lösungen teils überholt, in den Fragen stets aktuell.

Die Parteien

Das Hauptinstrument der Parteien in der Gesetzgebung ist ihre Agenda Setting-Funktion in dem Sinne, dass in den Parteien die Ideen für den Inhalt eines Steuergesetzes entwickelt und von dort in die formell gesetzgebenden Institutionen „transportiert" werden, die, was die Regierungsparteien betrifft, vielfach in Personalunion oder jedenfalls mit Parteimitgliedern besetzt sind. Umgekehrt haben die Regierungsparteien eine Art Veto-Recht gegen ein Vorhaben, sollte einmal die Regierung ohne Abstimmung mit den sie tragenden Parteien aktiv werden. Im Übrigen ähnelt das Instrumentarium der Regierungsparteien dem des Staates. Das betrifft insbesondere die Öffentlichkeitsarbeit, die von den Parteien durchaus extensiv betrieben wird.[236] Früher gab es teilweise täglich erscheinende Parteizeitungen. Heute geht es mehr um die „Fütterung" der sozialen Medien und insbesondere den persönlichen Auftritt im Fernsehen (Talkshows).

Das Instrument der Oppositionsparteien im Bundestag ist die Argumentation und die Stimmabgabe gegen den Regierungsentwurf des Gesetzes, daneben große oder kleine Anfragen an die Bundesregierung oder schriftliche Fragen, Entschließungsanträge.[237] Natürlich kann die Opposition auch Alternativen zu Gesetzes-

[235] Teoria dell' Illusione Financiara (1903), deutsch als Die Illusionen in der öffentlichen Finanzwirtschaft (1960); vgl. auch *Schmölders*, Finanz- und Steuerpsychologie (1970) S. 126 und 196.

[236] Vgl. beispielsweise die oben (S. 95 Fn. 150) erwähnten, von der Grünenfraktion im Europaparlament in Auftrag gegebenen Studien zum Steuergebaren der BASF SE und der Bayer AG.

[237] Vgl. *Gast/Grottke/Kittl*, Politische Kontrolle in der Gesetzgebung – Zur Rolle und Einfluss von Medien, Interessengruppen und Oppositionsparteien, ZG 2014 S. 43, am Beispiel des Steuervereinfachungsgesetzes 2011.

vorlagen der Regierung vorschlagen und eigene Entwürfe in den Bundestag einbringen („aus der Mitte des Bundestages“).

Der stärkste Hebel der Oppositionsparteien ist nicht ihre Funktion im Bundestag, sondern dass sie den Bundesrat, wenn die von ihnen regierten Länder dort die Mehrheit haben, bewegen können, Gesetzentwürfen der Regierung nicht zuzustimmen, was bisher alle Oppositionsparteien praktiziert haben. Sowohl die CDU/CSU lehnte mit einer Mehrheit im Bundesrat die Steuergesetze einer SPD-geführten Regierung ab, wie auch die SPD mit einer Mehrheit im Bundesrat die von einer CDU/CSU geführten Regierung vorgelegten Steuergesetze ablehnte.[238] Beide Seiten beschuldigten sich der „Blockade“, wobei sie ihre Auffassung je nach Regierungs- oder Oppositionsrolle wechselten. Den Weg in eine breitere Öffentlichkeit fand die Ablehnung der Steuergesetze der CDU/CSU-geführten Regierung unter *Helmut Kohl* durch die von *Oscar Lafontaine* geführte SPD im Bundesrat im Jahre 1997.[239]

Die Parteien haben nicht nur Interessen „für“, sondern auch „gegen“. Diese zielen darauf, andere Parteien und Personen, die den eigenen politischen Erfolg gefährden könnten, zu beschädigen oder sogar auszuschalten. Da die politische Wissenschaft lehrt, dass die Herabsetzung des politischen Gegners auf die Wähler eindrücklicher wirkt als das Hervorheben eigener Qualitäten, ist jede Partei an der Beschädigung ihres politischen Gegners interessiert. In der Steuerpolitik resultiert das in Vorwürfen, dass die Steuerpläne der „Gegenseite“ eine „Ausbeutung der Leistungsträger“

---

[238] Vgl. *Tipke*, Die Steuerrechtsordnung Bd. III (2. Aufl. 2012) S. 1391, 1790 ff..

[239] *Tipke*, a. a. O. S. 1807; das “volle Programm” eines politischen Kampfes innerhalb der Regierungsparteien und mit der Opposition um die Steuern ist anhand der “Großen Steuerreform” – Pläne 1996 unter Bundeskanzler Kohl anschaulich geschildert von *Bökenkamp*, Das Ende des Wirtschaftswunders. Geschichte der Sozial-, Wirtschafts- und Finanzpolitik in der Bundesrepublik 1969 – 1998 (2010) S. 501: Die “Große Steuerreform”; ausführlich auch *Fröhlich/Schneider*, Die “Große Steuerreform” der Regierung Kohl: Versuch und Scheitern, in Fischer (Hrsg.) Politische Reformprozesse in der Analyse (2008) S. 253.

darstellten oder „soziale Kälte“ verkörpern oder „Arbeitsplätze ins Ausland verjagen“ und ähnlich.

Politiker

Die dem einzelnen Politiker verfügbaren Instrumente sind naturgemäß ähnlich, aber nicht so vielfältig. Innerhalb der gesetzgebenden Organe bzw. innerhalb seines „Apparates“ gehört dazu seine Argumentation und die Stimmabgabe. Nach außen kann er agieren durch Auftritte in Funk und Fernsehen (Talkshows), den sozialen Medien (Twitter, Facebook etc.), Presseerklärungen, Buchveröffentlichungen,[240] Zeitungsbeiträge, Kontakte mit Medienvertretern (Hintergrundgespräche), Kontakte zu Verbänden oder einzelnen bedeutenden Steuerpflichtigen.[241] In den Medien können Politiker auch Extrempositionen vertreten, als Versuchsballon oder um sichtbar zu werden. 2013 erklärte die Linken-Abgeordnete *Sarah Wagenknecht* zur Erbschaftsteuer:

> Ich würde Erbschaften sehr stark abschöpfen, ja. Oberhalb von einer Million Euro plädiere ich persönlich für 100% Steuerlast. Wer 1 Mio. erbt, hat einen riesigen Startvorteil … [Hinsichtlich Betriebsvermögen:] Eigenkapital oberhalb von EUR 1 Mio. wechselt in Belegschaftshand. Jedes Unternehmen lebt von der Idee des Gründers und von der Leistung seiner Mitarbeiter. Wenn der Gründer wegfällt, gehört es legitimerweise den Beschäftigten.[242]

Man weiß natürlich nicht, ob solche Äußerungen politisch ernst gemeint oder eine Zirkusnummer sind, um die eigenen Leute bei Laune zu halten, oder einer Champagnerüberdosis beim Hummeressen entspringen. Aber sie gehören zum politischen Spiel.

---

[240] Z.B. 20 CDU/CSU-Politiker des Bundestagsfinanzausschusses in *Faltlhauser*, Steuerstrategie (1988) zum Steuerreformgesetz 1990; oder der SPD-Politiker und NRW-Finanzminister *Norbert Walter Borjahns*, Steuern: der große Bluff (2018).

[241] Allgemein, *Philip Manow*, Die zentralen Nebensächlichkeiten der Demokratie (2017).

[242] Wirtschaftswoche Global 24.6.2013 Nr. 2 Seite 15.

Das Ziel solcher Äußerungen ist der PR-Effekt, wie plastisch die Äußerungen des Grünen Europaabgeordneten *Sven Giegold* zu den Studien über das Steuergebaren der BASF SE und der Bayer AG belegen.[243] Auf die Kenntnis der Rechtslage kommt es dabei nicht an. Sie interessiert „Überzeugungstäter" auch nicht.

Ein gewisses Kontrastprogramm zu den wissenschaftlichen Reformvorschlägen stellen die Reformvorschläge aus der Politik dar, entweder der politischen Parteien[244] oder einzelner Politiker.[245] Eine Reihe einzelner Politiker hat Reformentwürfe vorgeschlagen. Der Unionspolitiker *Gunnar Uldall* schlug eine neue Einkommensteuer vor,[246] der FDP-Politiker *Hermann Otto Solms* machte sich für eine Reform der direkten Steuern stark.[247] Sie können durchaus auch von dem Streben nach einem „besseren Steuerrecht" getragen sein und sind das oft auch, haben aber natürlich stets auch eine politische Zielrichtung, insbesondere Wählergewinnung und die innerparteiliche Profilierung.

Politische Sprache

Ein, wenn nicht das Instrument demokratischer Politik ist die Sprache.[248] Die Politik hat eine ganz besondere Sprache entwickelt, die nicht nur Bewunderung hervorgerufen hat, wie die

---

[243] Vgl. näher S. 95 Fn. 150.

[244] Tipke/Lang/*Hey*, Steuerrecht (24. Aufl. 2021) S. 305. Dazu *Kaltenborn*, Streit um die Einkommensteuer. Die Reformvorschläge der Parteien im Vergleich (1999); FDP-Fraktion BT-Drs. 16/679.

[245] *Gaddum*, Einkommensteuerreform – Einfach und gerecht! (1986); *Faltlhauser*, Konzept 21 (2003); *Solms*, Die neue Einkommensteuer – Niedrig, einfach und gerecht (2003); *Thilo Sarrazin* (Senator für Finanzen des Landes Berlin), Elemente einer nachhaltigen Reform des Steuersystems, FS Solms (2005) S. 301.

[246] *G. Uldall*, Die Steuerwende. Eine neue Einkommensteuer. Einfach und gerecht (1996).

[247] *H.O. Solms* (Hrsg.), Liberale Reform der direkten Steuern, Berliner Entwurf der FDP (2005).

[248] *Bundeszentrale für politische Bildung bpb*, Dossier Sprache und Politik (2010); *Denkwerk Demokratie* (Hrsg.), Sprache. Macht. Denken. Politische Diskurse verstehen und führen (2014).

klassische Definition von *George Orwell* in seinem Essay „Politics and the English Language" (1946) ausweist:

> Political language is designed to make lies sound truthful and murder respectable, and to give an appearance of solidity to pure wind.

Es nimmt deshalb nicht wunder, dass die Sprache auch ein Instrument der Steuerpolitik ist. Mit ihrer Hilfe versucht die Politik, ihre Ziele zu erreichen, sei es Beifall für die eigenen Vorschläge, sei es Ablehnung fremder Vorschläge. Dazu bedient sie sich eines ganz bestimmten Wortschatzes, neudeutsch framing genannt. Wenn es um den Beifall geht, werden Hochwertwörter eingesetzt: „Steuergerechtigkeit, Steuerehrlichkeit, Fairness, soziales Steuerrecht, Solidarität, verständlich, solide, verlässlich" stehen hier ganz vorne. Auf der Gegenseite stehen „ungerecht, unsozial, Geschenk an die Reichen, Schlag ins Gesicht der Armen, verfassungswidrig, Umverteilung von unten nach oben". Von solch populistischen Gesetzestiteln wie „Gute Kitagesetz" oder „Starke Familiengesetz" konnte sich das Steuerrecht bisher fernhalten. Dafür werden bisweilen äußerst bedeutende Änderungen unter dem inhaltsleeren Titel „Jahressteuergesetz" vorgenommen.

Ganz ohne Rückgriff auf *George Orwell* geht es dann nicht, wenn die eigentliche Absicht verdeckt werden soll. Steuererhöhungen für Reiche werden ausnahmslos als die Herstellung von Gerechtigkeit verkauft. Auch Wortneuschöpfungen sind beliebt. Vor ca. 30 Jahren war die Lieblingsvokabel derer, die die Gewerbesteuer erhöhen wollten, die „Revitalisierung der Gewerbesteuer". Eine „Steuererhöhung für Arme" ist noch nie angekündigt worden, z.B. für die Mehrwertsteuer, was sie der Sache nach bekanntlich ist. Die Sprachregelung hierzu ist, „die finanzielle Handlungsfähigkeit des Staates zu sichern" und „den Haushalt zu konsolidieren" oder „dämpfend auf den Konsum auswirken".[249] Wer seine steuerliche Position verbessern will, darf das keinesfalls sagen, sondern verlangt, die betreffende Steuerfrage „neu zu denken,

[249] Entwurf zum Haushaltsbegleitgesetz 2006, BT-Drs. 16/752 vom 17.3.2006 S. 13.

noch einmal zu erörtern, erneut zu prüfen, nachzuverhandeln, ergebnisoffen zu diskutieren" oder meldet „Gesprächsbedarf" an.

b) Die Instrumente der Steuerpflichtigen

Steuerpflichtige, die auf die Steuergesetzgebung Einfluss nehmen wollen, müssen die Menschen, die über das Steuergesetz entscheiden, zu einer Entscheidung in ihrem Sinne bewegen. Dazu müssen sie zwei Fragen beantworten:

- Wie erreiche ich, dass der politische Entscheider mein Anliegen (überhaupt) zur Kenntnis nimmt? (dazu folgend)
- Was trage ich dem politischen Entscheider als Argumente für mein Anliegen vor? (dazu unten S. 169)

Im politischen Betrieb von den Entscheidern überhaupt wahrgenommen zu werden, ist keine leichte Aufgabe, erst recht nicht für Steueranliegen, die gewöhnlich erklärungsbedürftig sind und sich plakativer Darstellung entziehen. Der moderne Politiker ist ständig unter Zeitdruck, kann nur instinktmäßig auf Zuruf reagieren, sich selten oder nie gründlich einarbeiten und nachdenken.[250] Die Beschreibung mit „keine Zeit, keine Lust, keine Ahnung" ist nur zum Teil Persiflage. Für die Steuerbeamten gilt das natürlich nicht. Mit ihnen kann fachlich hochstehend und ausführlich diskutiert werden.

Die erste Voraussetzung für die Einflussnahme auf politische Entscheidungen war zu allen Epochen der Geschichte und ist der „Zugang zum Machthaber", den *Carl Schmitt* in seinem klassischen „Gespräche über die Macht und den Zugang zum Machthaber" (1954) anschaulich beschrieben hat. Deswegen hatte in früheren Epochen der (beim König oder sonstigen Machthabern) „vortragende Rat" einen viel höheren Stellenwert als der einfache Rat.

[250] *Richter*, Familienunternehmen und Verbände, FS Hennerkes (2009) S. 471, 481.

Das ist heute nicht anders. „Das Ohr der Kanzlerin zu haben", galt im Berlin der Ära *Merkel* als eine besondere Empfehlung wie zuvor und heute „Das Ohr des Kanzlers zu haben.". Ohne Zugang zu den politischen Entscheidern geht nichts. Das gilt auch für die Steuergesetzgebung.

Eine gewisse Sonderrolle haben hier die Gewerkschaften als Vertreter der Arbeitnehmer, weil sehr viele Mitglieder des Bundestages gleichzeitig Gewerkschaftsmitglieder sind, insbesondere bei der SPD. Damit haben sie nicht nur den direktesten Zugang zum Machthaber (Gesetzgeber), sondern sind Teil des Machthabers. Diese Personalunion gibt es auch bei den Wirtschaftsverbänden, aber sehr viel seltener.

Rechtsrahmen

Für einen Teilbereich der Einflussnahme auf die Gesetzgebung, nämlich die Interessenvertretung gegenüber der Bundesregierung und dem Bundestag sowie bestimmten dort tätigen Personen, gibt es – neben §§ 106 und 108e StGB – seit kurzem einen gesetzlichen Rechtsrahmen mit dem Lobbyregistergesetz vom 16.4.2021 und dem aufgrund dieses Gesetzes erlassenen Verhaltenskodex für Interessenvertreter (Anlage 2a zur GOBT).[251] Sie betreffen die Interessenvertretung gegenüber den Organen, Mitgliedern, Fraktionen oder Gruppen des Deutschen Bundestages und gegenüber der Bundesregierung einschließlich der parlamentarischen und beamteten Staatssekretäre, Abteilungsleiter und Unterabteilungsleiter (merkwürdigerweise nicht der anderen Beamten). Mitglieder der Bundesregierung sind nur Beamte/Angestellte, die durch die Bundesregierung berufen wurden. Das geschieht ab der Besoldungsstufe B3 für Beamte bzw. AT B3 für Angestellte. Interessenvertretung ist jede Kontaktaufnahme zum Zweck der unmittelbaren oder mittelbaren Einflussnahme auf den Willensbildungs- oder Entscheidungsprozess der Organe, Mitglieder, Fraktionen oder Gruppen des Deutschen Bundestages oder zum Zweck der unmittelbaren oder mittelbaren Einflussnahme auf den

[251] Dazu *Irmscher/Seyfarth*, Das Lobbyregistergesetz, BB 2022 S. 1479 m. w. N.

Willensbildungs- oder Entscheidungsprozess der Bundesregierung (§ 1 Abs. 3 LobbyRG).

Das LobbyRG iVm dem Verhaltenscodex verlangt von den Interessenvertretern:

- Tätigkeit auf der Basis von Offenheit, Transparenz, Ehrlichkeit und Integrität
- Offenlegung von Identität, Anliegen und Auftraggeber sowie des Auftragsinhalts
- Verbot eines Erfolgshonorars
- keine Informationsbeschaffung auf unlautere Art und Weise, wozu insbesondere das Gewähren oder In-Aussicht-Stellen finanzieller Anreize gegenüber Bundestag und -regierung zählt
- Verwendung und Weitergabe vertraulicher Informationen nur in zulässiger und jeweils vereinbarter Weise
- kein Behaupten eines Auftrags-, Nähe- oder Beratungsverhältnisses zu Bundestag und -regierung gegenüber Auftraggebern, Kunden oder Dritten.

Diese Rechtsregelungen gelten nur für die oben genannten Beteiligten, also auf der einen Seite Bundestag und die Bundesregierung, auf der anderen Seite die Interessenvertreter, nicht außerhalb dieser Beziehung, z. B. eine Pressekampagne.

„Die Speisekarte“

Die technischen Instrumente der Einflussnahme auf die politischen Entscheider sind vielfältig. Sie werden hier stichwortartig aufgezählt. Eingesetzt werden:

Teilnahme an Anhörungen der gesetzgebenden und vorbereitenden Organe, z. B. BMF, Finanzausschuss
Eingaben an die politischen Entscheider: Bundeskanzler, Minister, Abgeordnete, Parteivorsitzende und -funktionäre (Briefe, E-Mails, persönliche Gespräche, Telefonate) oder an die von diesen reprä-

sentierten Institutionen Bundeskanzleramt, Ministerien, Landesregierung, Parlament, Partei
Eingaben an mit der Gesetzesentstehung befasste Ministerialbeamte
Antwort auf die von den staatlichen Institutionen angeforderten oder eingeladenen Stellungnahmen
Petitionen an den Bundestag (Petitionsausschuss)
Einzelgespräche mit politischen Entscheidern und Ministerialbeamten
Initiierung und Weiterleitung von Gutachten von renommierten Steuerrechtlern (z.B. Steuerrechtsprofessoren, pensionierten Richtern des Bundesfinanzhofs oder des Bundesverfassungsgerichts, pensionierten Spitzenbeamten der Ministerialbürokratie)
Pressekonferenzen und -informationen
Auftritte in Rundfunk und Fernsehen, insbesondere Talkshows
Veranstaltung von Kongressen, Symposien etc. unter Fachleuten
Veranstaltung von Kongressen, Symposien etc. unter interessierten Laien
Hintergrundgespräche mit Medienvertretern
Äußerungen in den sozialen Medien (Twitter, Facebook etc.)
Aufsätze in Fachzeitschriften
Kongresse und Fachveranstaltungen
Berichterstattung in Zeitungen, Zeitschriften und sonstigen Medien[252]
Anzeigen in Zeitungen und Zeitschriften
Leserbriefe an Zeitungen etc.
„Offene Briefe" an Bundeskanzler oder andere Entscheider
„Massenbriefe bzw. -emails" an Abgeordnete, Bürgermeister etc.
Aktivierung von nahe stehenden wissenschaftlichen oder gemeinnützigen oder sonst „unverdächtigen" Institutionen
„Brandbrief" an den Bundespräsidenten
Negative oder positive Wahlempfehlung
Gesellschaftliche Gelegenheiten, Empfang, Ball, Eröffnung
Gemeinsame Freizeitaktivitäten

---

[252] Vgl. zur VSt und ErbSt *Leipold*, Political Power and Wealth. Taxation in Germany since 1995: A Network Analysis, vom 17.3.2019; *Theine/Grisold*, Streitfall Vermögensteuer. OBS-Arbeitspapier 43 (2020).

Parteispenden
Streik (auch Steuerstreik), Boykott, Proteste und Demonstrationen oder „Shitstorm" könnten Instrumente der Steuerpflichtigen sein, sind es aber Zeit des Bestehens der Bundesrepublik Deutschland nicht gewesen.

Nicht alle diese Instrumente stehen jedem Steuerpflichtigen offen. Ganz im Gegenteil sind die meisten nur relativ wenigen Akteuren vorbehalten. Einige Verbände haben durch Personalunion auch als Bundestagsabgeordnete direkten Zugang zu den meisten Entscheidern, insbesondere die Gewerkschaften. Anzeigen in Zeitungen und anderen Medien kosten viel Geld. Das gilt ebenso für das Erstellen von Gutachten durch renommierte Steuerexperten, wenngleich nicht immer. Das Einzelgespräch mit einem Finanzminister oder Staatssekretär ist wenigen Menschen vorbehalten. Der Vertreter einer Unternehmerfamilie mit zahlreichen Arbeitnehmern erhält einen Gesprächstermin beim Finanzminister oder Ministerpräsidenten seines Landes, um diesem seine Sorgen über eine geplante Steuererhöhung vortragen zu können (s. unten S. 147).[253] Die Stiftung Familienunternehmen, die die Interessen von Familienunternehmen und deren Gesellschafter vertritt, hat in der Erbschaftsteuerdiskussion zahlreiche Kontakte zu politischen Entscheidern gehabt[254] (s. sogleich „Einzelgespräch"). Dem sog. einfachen Mann sind diese Wege, seine Sorgen über die Besteuerung loszuwerden, verwehrt. Auf einige dieser Instrumente sei näher eingegangen:

Professorengutachten

Beliebt ist der Einsatz von Professorengutachten zu Steuergesetzgebungsplänen oder zu bereits existierenden Steuergesetzen. Die Auftraggeber tun das zur eigenen Information und zur Meinungsbildung. Entscheidend ist ihre Vorstellung, dass ein Professoren-

[253] Vgl. Manager Magazin Oktober 2019 S. 66: Das Gesetz der großen Zahl; *M. Hartmann*, Die Abgehobenen (2018).

[254] Bundestags-Drs. 18/9729 vom 23.9.2016 S. 8: Antwort der Bundesregierung auf eine Frage der Abgeordneten *Lisa Paus*.

gutachten bei den Adressaten Wirkung entfalte, weil es wissenschaftliche Redlichkeit und Unparteilichkeit vermittelt. Gerade zur Erbschaftsteuergesetzgebung haben eine Reihe namhafter Hochschullehrer Gutachten erstellt. Steuerrechtsprofessoren können das Doppelte und Dreifache ihres Professorengehaltes durch Gutachten und Stellungnahmen oder Vertretungen in Rechtsbehelfsverfahren verdienen. Nur selten wird das auch öffentlich bekannt.[255] Dieser Gutachtenmarkt ist nicht unanständig. Die meisten Professoren verkaufen ihre Intelligenz und ihren Fleiß nicht an den, der am meisten bietet, sondern haben klare ethische Grenzen, die sie nicht übersteigen. Keineswegs kann man jeden Rechtsprofessor zu jeder Rechtsmeinung bewegen. Die Außenwirkung ist vielfach anders, weil sich die Welt nicht ganz dem Satz entziehen kann „Wes Brot ich ess, des Lied ich sing“. Sehr wohl aber lässt sich für jede Rechtsmeinung (irgend-)ein Professor finden.

Die Gutachten werden den Personen zugeleitet, von denen die Auftraggeber annehmen, dass sie die juristische Qualität würdigen können, z.B. Steuerexperten in der Ministerialbürokratie oder Mitgliedern des Finanzausschusses des Bundestages. Vielfach werden sie parallel in den Allgemeinmedien in Form einer Kurzfassung oder eines Journalistenartikels platziert oder in Fachzeitschriften. Soweit ersichtlich, ist ihre Wirkung schwer zu berechnen. Manche verschwinden als „Gefälligkeitsgutachten“ sogleich im Archiv, andere werden durchaus ernst genommen.

Ex-Richtergutachten

Eine Hierarchiestufe höher als Professorengutachten stehen die Gutachten pensionierter Richter, in Steuersachen naturgemäß solche des Bundesfinanzhofes oder – am liebsten – des Bundesverfassungsgerichts. Die Auftraggeber erwarten, dass Gutachten dieser Persönlichkeiten einen noch höheren Grad an Verlässlichkeit, Unparteilichkeit und wissenschaftlicher Redlichkeit als die

[255] Wie etwa im Falle von Professor *Joachim Englisch* im Cum/Ex-Ausschuss des Bundestages, Handelsblatt Nr. 147 vom 2.8.2017 S. 30.

von Professoren vermitteln und von der Aura einer noch höheren Autorität umgeben sind, wozu vielleicht auch die „Ehrenkodices" beitragen, die sich die Gerichte selbst für Aktivitäten der Richter nach ihrer Pensionierung gegeben haben.[256] Die pensionierten Richter machen das einesteils aus idealistischem Interesse an der Sache, anderenteils um des Geldes willen. Sie wissen natürlich, dass der entscheidende Grund für ihre Beauftragung das Markenzeichen des ehemaligen Richters ist, mit der Steigerung ehemaliger Präsident des Bundesverfassungsgerichts. Manchmal werden solche Äußerungen sogar nur aus juristischem Interesse und der Überzeugung, zu einer besseren juristischen Welt beitragen zu können, getan. Dem Vernehmen nach haben ehemalige Richter des Bundesverfassungsgerichts rechtsgutachtliche Stellungnahmen honorarfrei verfasst.

Diese Gutachten werden wie die Professorengutachten den vermuteten Entscheidern zugeleitet und häufig in den Medien breitenwirksam in Szene gesetzt. Nach Erfahrung des Verfassers machen diese Gutachten auf die Beamten des BMF und die Politiker wenig Eindruck. Denn sie wissen natürlich, was gespielt wird.

Das Einzelgespräch mit Entscheidern

Hier geht es zum einen um den Langfristkontakt: „Ein unverzichtbares Mittel zur Durchsetzung der Interessen besteht im fortwährenden persönlichen Kontakt des Unternehmers mit den für ihn zuständigen Kommunal-, Landes- und Bundespolitikern."[257] Zum anderen geht es um das konkrete Gesetzesvorhaben.

Das Einzelgespräch oder das Gespräch im kleinsten Kreise wird von seiner Hierarchieebene charakterisiert. Der Leiter der Steuerabteilung eines Wirtschaftsverbandes unterhält sich mit den Ministerialbeamten. Das muss weder der Leiter der Steuerabteilung

---

[256] Vgl. Verhaltenslinien für Richterinnen und Richter des Bundesverfassungsgerichts vom November 2017; *Lamprecht*, „Ehrenkodex" für die obersten Richter der Republik, NJW 2017 S. 1156.

[257] *Hennerkes*, Familienunternehmen sichern und optimieren (1999) S. 230.

des Bundesfinanzministeriums (Ministerialdirektor) sein noch der Unterabteilungsleiter (Ministerialdirigent) noch der Referatsleiter (Ministerialrat) sein. Auch die rangmäßig unter dem Referatsleiter angesiedelten Beamten sind aus der Sicht der Steuerpflichtigen „nicht zu verachten", weil sie die eigentliche Formulierungsarbeit erster Fassung leisten. Sie haben in der Regel den Sachverstand, mit dem sie auch inhaltliche Aspekte des Gesetzes beeinflussen können. Er wird ggf. auch von einem Abgeordneten des Finanzausschusses angehört. Der Vorstandsvorsitzende eines Weltkonzerns oder der Familienpatriarch eines weltbekannten Familienunternehmens kann höher greifen: Staatssekretäre und Minister. Eine Reihe deutscher Familienunternehmer haben um Gesprächstermine mit politischen Entscheidern zur Erbschaftsteuer nachgesucht, z. B. dem Finanzminister ihres Landes, um ihre Sicht der Dinge darzulegen, und diese Termine auch erhalten. Von außen lässt sich natürlich nicht beurteilen, ob solche Gespräche in den Gesetzgebungsprozess einfließen. Die Initiatoren scheinen es zu glauben, weil sie es andernfalls nicht täten. Am 9.11.2021 berichtete das ZDF von einem knapp dreistündigen Gespräch des Vertreters der gemeinnützigen Stiftung Familienunternehmen mit dem bayerischen Ministerpräsidenten *Seehofer*.

Louis Klamroth (Reporter) zu den Zuschauern vor einem Bürogebäude: Herzlich willkommen bei der Stiftung Familienunternehmen. Denken Sie da jetzt auch an die familiengeführte Bäckerei oder den kleinen Blumenladen von nebenan? Klar, die gibt's auch. Aber die Stiftung, die vertritt vor allem die großen, also die richtig großen Unternehmen. Mindestens zehnmal treffen Vertreter der Stiftung 2015 und 2016 Mitglieder der Bundesregierung. Die hartnäckige Lobbyarbeit der Stiftung lohnte sich. Erst ab 100 Millionen Euro statt ab 20 Millionen sollten Unternehmenserben voll besteuert werden. Und dann passierte etwas Ungewöhnliches: Horst Seehofer, damals noch Ministerpräsident in Bayern und CSU-Vorsitzender, legt sein Veto ein. Auf einmal wollte er acht zentrale Punkte des geplanten Gesetzes ändern. Zum Vorteil von großen Familienunternehmen. Wer genau hat da so gute Arbeit geleistet? Wer ist der Mann, der als Cheflobbyist der Stiftung Familienunternehmen drei Tage vor Horst Seehofers Veto bei ihm in der Staatskanzlei war? Immer wieder hatte ich von den Beamten, die das Gesetz geschrieben haben, seinen Namen gehört. Matthias Lefarth, ehemaliger Cheflobbyist der Stiftung Familienunternehmen.

Klamroth zu *M. Lefarth*: Wie muss ich mir das vorstellen? Sie sitzen da mit Horst Seehofer und trinken Weißbier und verhandeln? Oder wie läuft das dann?

Matthias Lefarth: Es ist viel sachlicher, als Sie sich denken. Für mich war es eine Sternstunde der Politikberatung, weil ich mir gesagt habe: Da nimmt jemand seinen Auftrag als Ministerpräsident eines Landes sehr ernst, indem er sehr genau den Dingen auf den Grund geht: Was bedeutet es für die Unternehmen und die Arbeitsplätze in diesen Unternehmen, für die ich in diesem Bundesland Verantwortung übernommen habe?

Klamroth: Wie lange dauert so etwas? Wie lange nimmt sich ein Seehofer Zeit für Sie?

Lefarth: Dieses Gespräch hat knapp drei Stunden gedauert.

Klamroth zu den Zuschauern: Matthias Lefarth sagt, er selbst sei nicht vermögend.

Lefarth: Ich hatte mir eine persönliche Messlatte gesetzt, dass auch nach dieser Reform es möglich bleibt, dass ein Betrieb ohne Erbschaftsteuer übertragen werden kann, unabhängig von der Größe. Und das würde ich mit Ja beantworten, dass das gelungen ist.

Klamroth zu den Zuschauern: Es sei ein Sieg im Elfmeterschießen gewesen, hatte Matthias Lefarth gesagt. Bleibt die Frage, ob er für die vermögenden Familienunternehmer nur ein Spiel oder gleich das ganze Turnier gewonnen hat.

Viele dieser Kontakte produzieren bei den Steuerpflichtigen Enttäuschungen. Sie überschätzen den Einfluss des einzelnen. Was der Bundestagsabgeordnete dem Unternehmer in seinem Wahlkreis verspricht („bringe ich in Berlin ein"), hat er entweder auf dem Wege dorthin vergessen oder es verliert sich im Labyrinth des Tagesgeschäfts oder die Fraktionsführung sagt „nein".[258] Für den Unternehmer bleibt das gute Gefühl, Zugang zu „ganz oben" und etwas zum name dropping zu haben.

Dass ein Arbeiter nie einen Termin bei dem Finanzminister oder Ministerpräsidenten seines Landes zur Erbschaftsteuer bekommt, ist keine Diskriminierung, sondern politische Logik. Der Arbeiter

[258] Anschaulich *Richter*, Familienunternehmen und Verbände, FS Hennerkes (2009) S. 471, 475.

hat weder etwas zu vererben noch Einfluss auf Arbeitsplätze und Wähler noch kann er etwas spenden.

Zeitungen

Eine Anzeige in einer Zeitung zu einem Steuergesetz durch einen Einzelunternehmer oder einen Verband ist eine klare Angelegenheit. Klar ist auch die in einer Zeitung abgedruckte und als solche kenntlich gemachte Meinungsäußerung eines Vertreters aus dem Bereich der Steuerpflichtigen, z. B. eines Verbandsvorsitzenden. Nicht so klar liegt es mit den redaktionellen Beiträgen in Zeitungen dazu. Viele von ihnen sind sachliche Berichterstattung, z. B. über den Inhalt eines geplanten Gesetzes. Aber ebenso viele sind nicht Berichterstattung, sondern Beurteilung, Wertung, Meinung. Diese können positiv oder negativ zu dem Vorhaben ausfallen. Die Urheberschaft solcher Meinungsäußerungen ist nicht immer klar. Manche spiegeln die innere Überzeugung des schreibenden Journalisten wider. Manche wirken eher angefüttert und bestellt. Aber auch offensichtlich lancierte Pressemeldungen, wonach eine Steueränderung hunderttausende von Arbeitsplätzen kostet, pflegen Eindruck zu machen, selbst wenn die sie lesenden Politiker es besser wissen. Denn sie müssen einkalkulieren, dass die Masse der Leser (Wähler) es eben nicht besser weiß. Deswegen muss eine schnelle Gegenreaktion her: „Reine Spekulation."

„Brandbrief"

Der allerletzte Versuch einer Einflussnahme ist ein „Brandbrief" an den Bundespräsidenten, das Gesetz nicht zu unterzeichnen. Nach der Verabschiedung des ErbStG 2009 durch den Bundesrat an 7.12.2008 schrieb der Kölner Steuerrechtsprofessor *Joachim Lang* einen solchen Brandbrief an den Bundespräsidenten *Horst Köhler*, mit der Aufforderung, das ErbStG nicht zu unterzeichnen, weil dieses verfassungswidrig sei. „Ich habe noch nie erlebt, dass dem Bundespräsidenten ein Gesetz mit einer derart evidenten Verfassungswidrigkeit vorgelegt wurde."[259] Der Bundespräsident hat dieser Auffassung nicht entsprochen, sondern das Gesetz unterzeichnet, das am 31.12.2008 buchstäblich in letzter Minute im Bundesgesetzblatt veröffentlicht wurde. Das Problem bei solchen Eingaben ist natürlich, dass ihre Motivation nicht bekannt ist: Echte Sorge um den Bestand des deutschen Rechtstaates, der Berühmtheit halber oder gar Fristentaktik?

Der Werkzeugkasten

Ein Insider schreibt:

> Die Einflussnahme von Interessenvertretern auf politische Entscheidungen ist ein Wesensmerkmal pluralistischer Demokratien, das sich auf der Bandbreite zwischen legitimer demokratischer Interessenvermittlung einerseits und illegitimer sowie illegaler Beeinflussung bis hin zur Korruption andererseits bewegt.[260]

Welche konkreten Hebel eingesetzt werden, bleibt naturgemäß zum Teil im Dunkeln. Dem Vernehmen nach werden eingesetzt: Überzeugung, Überredung, Täuschung und Lüge, Drohung und Erpressung, Bestechung, wie schon der österreichische Minister *Albert Schäffle* vor 140 Jahren beschrieben hat (oben S. 35). Das hört sich auf den ersten Blick erschreckend an, ist es aber nicht ganz so, wenn man den Realitätsgehalt näher betrachtet. Außerdem ist es besser, sich der Realität zu stellen als sie zu verdrängen.

Ganz im Vordergrund steht sicherlich die Einflussnahme durch Überzeugung. In der Hoffnung, dass sich das bessere Argument durchsetzt, werden die Argumente vorgetragen, von denen erwartet wird, dass sie die staatlichen Entscheider von der Richtigkeit der Steuerpflichtigen-Position überzeugen können. Die Eingaben der Verbände im Gesetzgebungsverfahren leisten im Kern Überzeugungsarbeit.

---

[259] Die Zeit vom 11.12.2008 Nr. 51 S. 40.

[260] *Hans-Jörg Schmedes* (wissenschaftlicher Mitarbeiter eines Bundestagsabgeordneten), Mehr Transparenz wagen? Zur Diskussion um ein gesetzliches Lobbyregister beim Deutschen Bundestag, ZParl 2009 S. 543.

Von der Überzeugung ist die Überredung nicht immer leicht zu trennen. Elemente von ihr können selbstverständlich auch in den Überzeugungs-Argumenten stecken, aber nicht im Schwerpunkt. Eher finden wir sie in den Medienkampagnen und -beiträgen. Wenn dort bspw. die Erbschaftsteuer als Neidsteuer oder als Mutter aller Neidsteuern oder als Todessteuer, Witwen- und Waisensteuer und ähnlich apostrophiert wird, geht es nicht um Überzeugung, sondern um Überredung.

Täuschung und Lüge sind aus dem politischen Kampf nicht wegzudenken. Nie wird so viel gelogen wie im Kriege, vor Gericht und in der Liebe, heißt es, und die Politik lässt sich nahtlos hinzufügen. Das gilt auf Seiten der Politiker (*Jean-Claude Juncker:* „Wenn es ernst wird, müssen wir lügen."), wie auf Seiten der Steuerpflichtigen. Allerdings sind die Varianten dieses Verhaltens weit gestreut und deshalb schwer zu fassen. Drastisch wäre eine positive Lüge i.S. eines bewussten Sagens der Unwahrheit, wofür als Beispiel das Verhalten der Autoindustrie in der Dieselaffäre stehen möge. Das kommt im Gesetzgebungsverfahren selten vor. Die Betreffenden könnten kaum auf den Erfolg ihrer Täuschung hoffen und müssten im Falle des Bemerkens durch die gesetzgebenden Organe mit einer ziemlich üblen Retourkutsche rechnen. Damit nicht zu verwechseln sind die "unbewiesenen Behauptungen", welche die gesetzgebenden Organe, insbesondere die Politiker als solche erkennen, aber im heimlichen Konsens mit dem Sprecher gerne aufnehmen, um damit bei anderen Gruppen, insbesondere dem Wähler, Eindruck zu machen.

Häufiger findet sich das einseitige Unterlassen. Die Steuerpflichtigen nehmen in ihre Argumentationen gewöhnlich nur die Sachverhalte und Argumente auf, die ihre Sicht der Dinge befürworten und lassen mögliche Gegenargumente weg. Ein kluger Gesetzgeber weiß das und richtet sich darauf ein. Manchmal kann dieses Weglassen allerdings hart an die Grenze gehen. Es gibt sachverhaltliche und rechtliche Folgen eines Gesetzes, die der Gesetzgeber nicht gesehen hat, von denen aber klar ist, dass er anders formulieren würde, wenn er sie erkannt hätte. Das liegt auch daran, dass in Deutschland die (vorherige) Rechtsfolgenabschätzung von Steuergesetzen z. T. unterentwickelt ist.[261] Das Weglassen eigener besserer Erkenntnis hierzu kann durchaus grenzwertig sein, weil es bei den an den Gesetzen arbeitenden Angehörigen des öffentlichen Dienstes, wenn sie es merken, nicht nur zu Frustration und Verärgerung, sondern häufig zu einem „jetzt erst recht" führt.

Mit Drohung und Erpressung sind hier selbstverständlich nicht die technischen Begriffe des Strafgesetzbuches gemeint. Das versucht in Deutschland keiner und es würde bei den Staatsorganen auch keinen Erfolg haben. Gemeint sind Drohungen mit einem Verhalten als Reaktion auf eine unerwünschte Steuergesetzgebung. Im Vordergrund steht hier die Drohung mit dem Verlassen Deutschlands: „Wenn das Gesetz kommt, werden wir unsere Betriebe ins Ausland verlagern und unsere Familien werden ins Ausland auswandern". In den Erbschaftsteuerdiskussionen der vergangenen Jahre haben mehrere Politiker berichtet, dass Unternehmer ihnen mit dem Verlassen Deutschlands gedroht hätten, wenn die Erbschaftsteuer nicht in ihrem Sinne gestaltet werde, z. B. der CSU Landesgruppenchef im Bundestag *Peter Ramsauer*: „Wir haben in Bayern und Baden-Württemberg ganz klar die Ankündigungen, um nicht zu sagen Drohungen von Familienunternehmen, dass sie ihre Unternehmenssitze nach Österreich oder in das Elsass verlegen."[262] *W. Schön* hat darauf hingewiesen, dass die Drohung, ins Ausland abzuwandern, einer der Hauptgründe für die Freistellung inländischer Betriebsinhaber gewesen sei.[263] Tatsächlich ist die steuerindizierte Auswanderungsquote von Unternehmern geringst, auch wegen der prohibitiven Einkommensteuerfolgen (Wegzugssteuer etc.). Aber eine gewisse stimmungsmäßige Wirkung mögen solche Äußerungen und der eine oder andere Ein-

[261] *Hey*, Evaluierung von Normen – Möglichkeiten und Grenzen, FR 2021 S. 293; *Büttner*, Stand und Möglichkeiten der Evaluierung steuerlicher Normen, FR 2021 S. 301.

[262] FAZ 2.10.2008 Seite 14.

[263] Tagungsbericht Steuerwettbewerb, StuW 2018 S. 87.

zelfall[264] nicht verfehlen. Erfahrene Lobbyisten raten von dieser Drohung ab:

> Die seitens der Familienunternehmen nicht selten erhobene Drohung mit Sitzverlegung des Unternehmens und persönliche Abwanderung ins Ausland sollte unterbleiben. Sie signalisiert Resignation und passt nicht in das Persönlichkeitsbild eines verantwortungsbewussten Unternehmers.[265]

Auch mit Bestechung ist hier natürlich nicht deren strafrechtliche Bedeutung gemeint. Der deutsche Gesetzgeber und seine Gehilfen sind unbestechlich. Worum es geht, sind sublimere Vorgehensweisen. Dem Vernehmen nach kommt es vor, dass politische oder beamtete Entscheider, besonders solche vor dem Ende ihrer aktiven Laufbahn, darauf angesprochen werden, ob sie sich nach ihrer aktiven Zeit eine (nicht sehr anstrengende) Mitarbeit in bestimmten Organisationen und Funktionen vorstellen könnten als Berater, Beirat, Aufsichtsrat, Of Counsel usw.: „Ein so großartiges Fachwissen darf mit Ihrer Pensionierung nicht verloren gehen. Das wäre ein großer Verlust für das Steuerrecht. Sie müssen unbedingt in anderer Funktion weitermachen“. Ex-Bundeskanzler *Gerhard Schröder* und Ex-Außenminister *Joschka Fischer* haben vorgemacht, wie man ehemalige Machtpositionen in klingende Münze verwandeln kann.

Zwei Beispiele

Eine Schilderung der von den Steuerpflichtigen eingesetzten Instrumente im Verlauf der Erbschaftsteuerreform 2016 hat der fi-

[264] ZB. der Fall des Maschinenbauers *Dieter Klingelnberg*, Präsident des Maschinenbauverbandes VDMA, der 1996 nach Belgien (und von dort in die Schweiz) zog, um die Erbschaftsteuer zu vermeiden, und die Wegzugssteuer in Kauf nahm. S. FAZ 24.2.2008 Nr. 8 S. 37: „Für Deutschland war meine Steuerflucht ein Geschäft.“ Oder der Fall „*Müller Milch*“, Schlagzeile der Stuttgarter Zeitung vom 13.9.2003: „Der Müller kommt uns teurer als der Florida-Rolf – der angedrohte Wegzug des bayerischen Milchmoguls löst Empörung aus“, vgl. *Kögel/Layer*, FS Hennerkes (2009) S. 65, 92.

[265] *Hennerkes*, Familienunternehmen sichern und optimieren (1999) S. 231.

nanzpolitische Sprecher der SPD-Fraktion im Bundestag *Lothar Binding* gegeben:

Kaum vorstellbar ist der Druck der Lobby. Immer mit dem drohenden Hinweis, es könnten Arbeitsplätze verloren gehen. Unternehmen würden ins erbschaftsteuergünstige Ausland verlagert, auch die vorgezogene Liquidation von Vermögensgegenständen sei denkbar oder gar der vorgezogene Verkauf des Unternehmens, wird versucht, das Schlupfloch Totalverschonung möglichst auszudehnen. Gutachten, Aufsätze, Briefe, Mails, Einzelgespräche, Gruppengespräche und Einladungen zum Erbschaftsteuerfrühstück, zum Parlamentarischen Abend, zur Podiumsdiskussion – eine unübersehbare Anzahl verschiedener Kommunikationskanäle ins Parlament soll sicherstellen, dass im Parlament verstanden wird, warum die Erbschaftsteuer des Teufels ist. Ob Mitglieder des Fraktionsvorstandes, Berichterstatter oder Mitberichterstatter, ob Sprecherinnen oder Obleute, alle werden bearbeitet.[266]

Einige Steuerpflichtigen-Vertreter sollen dermaßen aufdringlich und drängend geworden sein, dass das BMF eine Art Haus- und Kontaktverbot ausgesprochen habe. Das ist übrigens keine „Errungenschaft" des 21. Jahrhunderts, sondern hätte auch 110 Jahre früher im Reichstag bei der Reichsfinanzreform 1906 gepasst, wozu der Reichstagsabgeordnete *Hellmut von Gerlach* schilderte:

Neben dem Byzantinismus[267] des Reichstags schien mir besonders peinlich die Beeinflussung durch die Interessenten, die manchmal an Nötigung und Erpressung grenzte. Mit der Finanzreform war auch eine Tabaksteuervorlage verbunden. Wochenlang war die Wandelhalle des Reichstags der Treffpunkt aller Tabakfabrikanten, Rauchtabakhändler, Kautabakhändler, Importeure; jeder suchte die maßgebenden Abgeordneten zu beeinflussen. Die Mitglieder des Steuerausschusses führten ein Leidensleben. Nur im Sitzungssaal hatten sie einigermaßen Ruhe. Allerdings wurden ihnen immerfort Visitenkarten und Schreiben hineingebracht. Aber die konnten sie durch Beförderung auf den Fußboden erledigen. Eine Tasse Kaffee im Reichstagsrestaurant einzunehmen, war ihnen ganz unmöglich. Die Tabakmenschen wußten: durch diese hohle Gasse mußten

[266] In ifst Stellungnahmen, Gesammelte Positionen zu den Eckwerten der Erbschaftsteuerreform 2016 (2015) S. 4.

[267] Hier im Sinne von Kriecherei, Schleimerei, Katzbuckeln vor der Reichsregierung und dem Kaiser.

die Abgeordneten kommen. Zu beiden Seiten standen sie Wache, von früh bis abends.[268]

Plus ça change, plus c'est la même chose!

[268] *Von Gerlach*, Von rechts nach links (1910) S. 185.

9.

Die Argumente der Akteure

Die Gesellschaftsform der Demokratie ist von der Frage „Warum?“ geprägt. Deshalb reicht als Antwort nie ein „Ja“ oder „Nein“, schon gar nicht ein „Ich will“, sondern es muss eine Begründung geliefert werden. Das ist gewissermaßen die *Iheringsche* „Munition“, die aus den „Waffen“ verschossen wird. Das gilt für alle Parteien des Kampfes um das Steuerrecht. Zwar lautet das berühmte Diktum „Der Gesetzgeber schuldet nichts als das Gesetz“, und das entspricht auch der Rechtslage. Aber jede Bundesregierung liefert zu (fast) jedem Steuergesetz auch eine Begründung. Auf Seiten der Steuerpflichtigen hätten deren Forderungen in Richtung Steuermilderung ohne eine Begründung überhaupt keine Chance auf Übernahme durch den Gesetzgeber. Der Kampf ums Steuerrecht ist (auch) ein Kampf der Argumente.

a) Die Argumente des Staates

Politische Parteien

Die Parteien befinden sich in einer Zwickmühle. Einerseits müssen sie das existierende Steuerrecht verteidigen, weil sie dafür verantwortlich sind. Prototyp ist der Koalitionsvertrag zwischen CDU/CSU und SPD vom November 2013, wo es heißt (S. 89): „Deutschland hat insgesamt ein zeitgemäßes und wettbewerbsfähiges Steuerrecht.“ Auf der anderen Seite müssen sie das existierende Steuerrecht kritisieren, um ihre „besseren“ Lösungen propagieren zu können. Angesichts der Vielfalt der Parteien und Häufigkeit der diesbezüglichen Äußerungen ist dies ein weites Feld. Jedoch lassen sich fast alle Äußerungen auf wenige wiederkehrende Muster herunterbrechen, die sich nur in ihrer Verwendung je nach politischer Ausrichtung unterscheiden. Die „Basisargumente" sind:

Das geltende Steuerrecht ist ungerecht. Es muss gerechter werden.
Das geltende Steuerrecht ist zu kompliziert. Es muss einfacher werden.
Die Steuern für Besserverdienende und Reiche müssen erhöht werden.
Die Steuern für Normalverdiener müssen gesenkt werden.
Starke Schultern müssen mehr tragen als schwache.
Steuerschlupflöcher müssen geschlossen, Steuervermeidung, -umgehung und -hinterziehung bekämpft werden.
Deutschland braucht ein international wettbewerbsfähiges Steuerrecht.
Leistung muss sich (wieder) lohnen.

Als (beliebiges) Beispiel diene das Berliner Programm der CDU laut Parteitag 25.-27.1.1971:

66. Das geltende Recht muss im Rahmen einer umfassenden und stufenweise zu verwirklichenden Steuerreform den gesellschafts- und wirtschaftspolitischen Zielen entsprechend neu gestaltet werden.

Insbesondere soll es

- die Lasten so verteilen, dass eine ausgewogenere Einkommensverteilung und gerechtere Vermögensbildung bewirkt wird,
- eine verbesserte Eigenkapitalausstattung der Unternehmen erleichtern,
- die Beteiligung breiter Schichten der Bevölkerung am Produktivkapital fördern,
- wettbewerbsneutral sein,
- ein wirtschaftliches Steuersystem verwirklichen, durch welches das Steueraufkommen auf weniger Steuern als bisher konzentriert wird,
- so einfach wie möglich gestaltet sein, um den Verwaltungsaufwand in vertretbaren Grenzen zu halten und dem Staatsbürger die Übersicht zu erleichtern,
- die internationale Konkurrenzfähigkeit der deutschen Wirtschaft erhalten,

- die Harmonisierung der Steuersysteme in der EWG berücksichtigen und die Integrationsbemühungen unterstützen,
- Steuerhinterziehungen stärker erfassen; der Steuerflucht entgegenwirken.

Die Parteiargumente sind naturgemäß unkonkret und nicht rechtstechnisch. In den letzten Jahren beliebt geworden ist bei Parteipolitikern die Moralisierung des Steuerrechts, indem vorgetragen wird, dass man z.B. mit der Wiedereinführung der Vermögensteuer oder der Erhöhung der Grunderwerbsteuer oder Erbschaftsteuer so und so viele Kindergärten, Schulen, Krankenhäuser und Altenheime bauen könne und so und so viele Menschen von Lepra heilen könne, also Ziele, zu denen niemand nein sagen kann. Das gilt (natürlich) für (fast) alle Steuern. Dass man mit dem Geld auch Gefängnisse bauen, Panzer und Kampfflugzeuge kaufen kann und das auch tut (Russland-Ukraine Krieg), wird nie erwähnt.

Den Parteien unterlaufen auch Freudsche Fehlleistungen. In dem Koalitionsvertrag von CDU/CSU und FDP vom 26.10.2009 heißt es bezüglich Steuern:

> Deshalb wollen wir, dass Steuern „einfach, niedrig und gerecht“ sind.
> [mit Anführungszeichen!]

Warum steht nicht „gerecht“ an erster Stelle? Bedeuten die Anführungszeichen, dass die Autoren das gar nicht ernst meinen?

Steuererleichterungen für Reiche oder Unternehmen müssen entweder „versteckt“ oder damit gerechtfertigt werden, dass sie die Wirtschaft ankurbeln und Arbeitsplätze sichern oder schaffen und so allen nutzen, was mit dem Stichwort „trickle down economy“ elegant zusammengefasst wird.

Bundesregierung

Demgegenüber sind die Gründe, die die Bundesregierung als Hauptinitiator der Steuergesetze liefert, gewöhnlich deutlich sachlicher. Das gilt insbesondere für die dem Regierungsentwurf mitgegebene Gesetzesbegründung. Es sind hier zu unterscheiden die eher technischen Argumente, die folgend nicht weiter interessieren sollen, von den Argumenten, welche begründen sollen, warum der Inhalt des Gesetzes so und nicht anders ist. Sie finden sich gewöhnlich im allgemeinen Teil der Begründung oder am Anfang der Begründung zu den Kernparagraphen. Für die „großen" Steuern lässt sich allerdings auch hier eine erhebliche Gleichförmigkeit der allgemeinen Argumente feststellen.

Steuergerechtigkeit
Steuervereinfachung
Erhaltung und Schaffung von Arbeitsplätzen
Erhaltung mittelständischer Unternehmen
Förderung der Wettbewerbsfähigkeit der deutschen Wirtschaft
Anpassung an die internationale Wettbewerbssituation
Konjunkturdämpfung
Konjunkturstimulation
Gegen Steuerhinterziehung, Steuerumgehung und Steuervermeidung
Außersteuerliche Effekte z.B. Umweltschutz, Gesundheit.

Je nach zu begründender Steuer verlagern sich die Argumente, bei der Erbschaftsteuer in Richtung Arbeitsplätze und Erhaltung von Unternehmen, bei der Tabak- und Energiesteuer in Richtung Gesundheit und Umweltschutz. Beliebt zur Akzeptanzerhöhung von Steuerbelastungen sind auch die Argumente, dass eine neue Steuer nur vorübergehend erhoben würde (so im 19. Jahrhundert die englische income tax, in Deutschland die Schaumweinsteuer im ersten Weltkrieg, aktuell der Solidaritätszuschlag), oder dass dadurch in Zukunft weniger Schulden gemacht würden.

Politiker

Die Argumente der einzelnen Politiker liegen gewöhnlich auf der Linie der Partei- und Staatsargumente, je nach Funktion. Eine von außen wenig wahrnehmbare, aber für das Zustandekommen eines Gesetzes elementare Aufgabe eines Partei- oder Fraktionsführers ist es, seine „eigenen Truppen hinter sich zu scharen", wie *Ihering* es ausgedrückt hätte. In der Parteipolitik ist der Widerstand aus den eigenen Reihen nicht selten bedeutend intensiver und für ein Vorhaben gefährlicher als der des politischen Gegners. Legion sind die Gesetzesvorhaben, welche die Parteispitze initiiert hat, die aber vom Parteivolk als Ganzem oder der Fraktion zu Fall gebracht wurden. Erste Aufgabe eines führenden Politikers ist es deshalb, seine „eigenen Leute" zu überzeugen. Das bedarf nicht selten einer ausgefeilten Argumentation, nicht der juristisch-dogmatischen Art für den Experten, das auch, sondern hier schlägt die Stunde des Orators (auch wenn geschrieben wird). Das gilt auch für das Steuerrecht. Dem Bundesfinanzminister *Peer Steinbrück* SPD war in der Erbschaftsteuerdebatte 2008 klar, dass die im Koalitionsausschuss am 6.11.2008 erzielte Einigung zwar die vom BVerfG 7.11.2006[269] geforderte Bewertung zu Verkehrswerten verwirklichte, aber gleichzeitig die Unternehmen und großen Wohnbesitz massiv von der Erbschaftsteuer entlastete,[270] und deshalb ein Dorn im Auge vieler SPD-Abgeordneter sein würde, und er fürchtete eine Verweigerung. Um sie zu überzeugen, schickte er ihnen unter dem 7.11.2008 einen sechsseitigen Brief aus der psychologischen Meisterklasse, den es lohnt, etwas ausführlicher zu zitieren.

---

[269] BStBl. II 2007 S. 192.

[270] Dargestellt am 12.11.2008 von *M. Schmitt*, Entwicklungen im Unternehmenssteuerrecht, WPg 2008 S. 116.

An die
Mitglieder der SPD-Fraktion
Im Deutschen Bundestag

7. November 2008

Die Erbschaftsteuer bleibt

Liebe Genossinnen und Genossen,

die gute Nachricht lautet: Die Erbschaftsteuer bleibt den deutschen Bundesländern erhalten! Den Bundesländern bleiben 4 Mrd. € erhalten, die sie für gute Bildung, für die Kinder, für eine gute Zukunft unseres Landes einsetzen können. Versuche, die Erbschaftsteuer abzuschaffen, haben wir genauso erfolgreich abgewehrt wie die Ansätze der CSU, sie zu regionalisieren, um ihr auf diesem Umweg jedenfalls mittelfristig den Sargnagel zu verpassen.

…

I. Bewertungsrecht

Ein ganz wichtiger Erfolg ist es, dass sich künftig die Bewertung aller Vermögensarten einheitlich am wirklichen Wert orientiert.

…

Millionenerben werden wegen der höheren Bemessungsgrundlage grundsätzlich mehr Steuern zahlen müssen.

II. Keine Regionalisierung

Es ist kein Geheimnis, dass die CSU mit ihrer Forderung nach einer Regionalisierung von Steuersätzen und Freibeträgen die Erbschaftsteuer auf kaltem Wege abschaffen wollte. Das haben wir erfolgreich verhindert.

…

III. Die Kernfamilie wird bei selbstgenutztem Wohneigentum weitgehend steuerfrei gestellt

Eheleute und – auf unser Drängen – auch eingetragene Lebenspartner können ohne Wertgrenze Wohneigentum, in dem sie bereits leben, steuerfrei erben.

…

Bei den Kindern haben wir – auf Vorschlag unseres Berichterstatters – eine steuerfreie Erbschaft von selbstgenutztem Wohneigentum ermöglicht.

…

Kein Ehegatte, eingetragener Lebenspartner und kein Kind soll eine selbstgenutzte Wohnung nur wegen der Erbschaftsteuer verkaufen müssen.

...

IV. Hohe und höchste Vermögen zahlen künftig mehr Erbschaftsteuer

Insbesondere Grundvermögen, aber auch Betriebsvermögen, wird künftig zu einem höheren Erbschaftsteueraufkommen beitragen. Damit werden wir den Forderungen unseres Bochumer Parteitags gerecht.

...

Es werden künftig daher vielleicht zwar weniger Leute Erbschaftsteuer zahlen, diejenigen, die hohe Werte haben, dafür aber umso mehr.

V. Bedingungen für Betriebsvermögen

...

[Hier folgt eine eher technische Darstellung der Bedingungen für die Begünstigung des Betriebsvermögens, insbesondere die Behaltensfristen und Lohnsummen für die 85%-Verschonung und die 100%-Verschonung.]

VI. Weitere wichtige Punkte

Wir haben unsere Forderung nach einer Anhebung des sog. Pflegepauschbetrages von 5.200 € auf 20.000 € durchgesetzt.

...

Die von uns allen gewünschte Differenzierung der Steuersätze in den Steuerklassen II und III war nicht zu finanzieren.

...

Wir haben verhindert, dass die insbesondere von der Beraterschaft und der Wirtschaft geforderte Bewertungsminderung durch sog. Verfügungsbeschränkungen bei Betriebsvermögen durchgehend steuerlich berücksichtigt werden.

...

Im Gesamtblick können wir mit dem Ergebnis zufrieden sein, auch wenn es ein hart erarbeiteter Kompromiss bleibt. Meine Bitte: Lasst ihn uns offensiv vertreten! Denn es ist unser Erfolg, dass die Erbschaftsteuer erhalten bleibt, dass es zu einem Aufkommen von 4 Mrd. € mit steigender Tendenz kommen wird, dass Millionenerben auch in Zukunft Erbschaftsteuer zahlen müssen und dass Arbeitsplätze im Betriebsübergang sicherer werden. Das sind gerade in wirtschaftlich schwierigen Zeiten gute Botschaften.

Schon der Betreff „Die Erbschaftsteuer bleibt" ist intelligentes „Framing". Obwohl von Kreisen der CDU/CSU erwünscht, stand die Existenz der Erbschaftsteuer niemals in Frage. Dass „Millionenerben" wegen der höheren Bemessungsgrundlage grundsätzlich mehr Steuern zahlen müssen, war für nichtbegünstigtes Vermögen richtig, verschwieg aber den Effekt, dass die Erbschaft der größten Vermögen in Form von Unternehmen erheblichst entlastet wurde. Der „Millionenerbe" scheint in der Politik eine ganz besondere Spezies zu sein. Der Appell des Ministers hatte Erfolg. Die SPD-Fraktion stimmte am 27.11.2008 (bis auf *Otto Schily*) einstimmig für das Gesetz.

Insbesondere: Steuervermeidung, Steuerumgehung, Steuerhinterziehung

Diese Stichworte und dazu noch „Steuerschlupflöcher, Steuerflucht, Steuergestaltung, Steuertricks" etc. spielen in der steuerpolitischen Diskussion eine Sonderrolle. In jedem Parteiprogramm, in jedem Wahlprogramm, jeder Koalitionsvereinbarung, jeder Regierungserklärung, jeder Begründung zu einem umfassenden Steuergesetz, jeder Erklärung eines einzelnen Politikers, werden sie erwähnt, natürlich als zu bekämpfen. Die rechtstechnischen Unterscheidungen werden dabei nicht so ernst genommen und neue Begriffe erfunden, wie etwa die „aggressive Steuergestaltung". Es handelt sich um das ceterum censeo jeder steuerpolitischen Äußerung. Das gilt verstärkt, wenn die Medien einmal wieder einen Steuerskandal durchs Dorf jagen und dann von „Steuerdiebstahl, Steuerbetrug, Steuerraub" und „Plünderung der Staatskasse" sprechen, um das steuerunkundige Publikum in die rechte Pogrom-Stimmung zu bringen. Dem „muss" sich jeder auf Popularität bedachte Politiker anschließen, völlig unberührt von der Kenntnis der Sach- und Rechtslage – auch wenn die Politik die „Steuerschlupflöcher" aufgrund einer bewussten Entscheidung (z.B. Steueranreize für Investoren) oder mangelhafter Gesetzgebung selbst zu verantworten hat.[271] Auch die Europäische Kommission beteiligt sich. 2017 startete sie ein neues Ausbildungs- und

[271] *R. Scholz*, Steuerstaat und Rechtsstaat, FS Leisner (1999) S. 797, 801.

Netzwerkprojekt für die Zivilgesellschaft in ganz Europa mit der Einladung:

> Vertreten Sie eine gemeinnützige Organisation mit Sitz in der EU? Möchten Sie mehr unternehmen, um Steuerbetrug, Steuerhinterziehung und Steuervermeidung zu bekämpfen? Sie sind herzlich eingeladen, an einer unserer Schulungssitzungen teilzunehmen mit einer Dauer von 1,5 Tagen. Die Teilnahmekosten, einschließlich Reise- und Übernachtungskosten werden zurückerstattet.[272]

Rational gesehen hat das kafkaeske Züge. Die Summen, um die es geht, sind im Verhältnis zum Gesamtsteueraufkommen unbedeutend (wenn man die propagandistischen Phantasiezahlen, die jeder Experte nach Belieben produzieren kann, einmal weglässt). Wie kann es sein, dass nach über hundert Jahren ununterbrochener Antisteuervermeidungs- und Umgehungs- etc. Gesetzgebung immer noch solche Möglichkeiten herrschen? Ein gutes Steuergesetz kann man nicht umgehen. Was vorliegt, ist klassische Symbolpolitik für den von Steuern nichts verstehenden Massenwähler. Wie in autoritär regierten Staaten das Ausland an allem schuld ist, sind das in demokratischen Rechtsstaaten die Steuervermeider und Co. Das treibt übrigens skurrile Blüten. Im Finanzbericht 2023 der Bundesregierung wimmelt es im Abschnitt zur Steuerpolitik (Abschnitt 1.4.2.1) auf den ersten Seiten geradezu von Formulierungen wie „… die Bundesregierung will nicht dulden, dass unerwünschte Steuergestaltungen zu Lasten der Allgemeinheit eingesetzt werden – Steuerumgehungsstrategien erschweren – Steuerdumping zu Lasten der Allgemeinheit vermeiden – ruinösen Steuerwettbewerb beenden – grenzüberschreitenden Steuerbetrug und grenzüberschreitende Steuerhinterziehung vermeiden – Steueraufkommen sichern und Steuergerechtigkeit fördern – Steuervermeidung und unfairen Steuerwettbewerb abwehren – gegen die missbräuchliche Nutzung von Briefkastenfirmen zu aggressiven Steuergestaltungen vorgehen“. Als wenn das deutsche Steuerwesen am Abgrunde stände. Natürlich ist das alles richtig, aber auch PR. Oder: In der schon erwähnten Studie „Toxic Tax Deals“ der Grünen Fraktion

---

[272] https://taxation-customs.ec.europa.eu/civil-society-organisations-against-tax-avoidance-tax-evasion-and-tax-fraud_de

im EU-Parlament vom November 2016 über das Steuergebaren der BASF SE (oben S. 95 Fn. 150) wird dieser vorgeworfen, Dividenden von ausländischen Gesellschaften nicht nach Deutschland auszuschütten, sondern in einer niederländischen Holding zu thesaurieren, um die deutsche Körperschaftsteuer von effektiv 1,5 Prozent auf die Dividenden (§ 8 b KStG) zu vermeiden und damit 73,3 Mio. Euro Steuern zu sparen.[273] Bisher war niemand auf den Gedanken gekommen, dass die Nichtausschüttung der in ausländischen Tochtergesellschaften thesaurierten Gewinne steuerlich etwas „Böses" sein könne. §§ 7 ff. AStG regeln das. Nur einmal in der deutschen Steuergeschichte wurde das anders gesehen. Der Staatssekretär im Reichsfinanzministerium 1933 bis 1945, *Fritz Reinhardt*, vertrat die Rechtsauffassung:

> Auch Gewinnaufspeicherungen im Ausland fallen nach nationalsozialistischer Weltanschauung unter den Grundsatz der Gleichmäßigkeit der Besteuerung. Hat ein Deutscher in einem ausländischen Unternehmen Kapital angelegt und hat dieses Unternehmen Gewinne erzielt, so wird man dem deutschen Unternehmer zumuten können, dass er sich eine angemessene Dividende ausschütten lässt.[274]

Es wäre falsch, der Politik aus diesem Verhalten einen Vorwurf zu machen. Die Forderung nach dem Schließen von Schlupflöchern und dem Bekämpfen von Steuerumgehung, -hinterziehung etc. ist der Klassiker einer sogenannten Win-Win-Situation. Sie ist inhaltlich oft richtig. Sie passt zu jedem Zeitpunkt. Niemand kann widersprechen. Der Wähler sieht sein Gerechtigkeitsgefühl befriedigt. Der Politiker hat Wählerpunkte gesammelt. Geschädigt ist niemand.

---

[273] Seite 12 der Studie.

[274] *Reinhardt*, Beurteilung von Tatbeständen nach nationalsozialistischer Weltanschauung, RStBl. 1936 S. 1041, 1050.

b) Die Argumente der Steuerpflichtigen

Die Petiten der Steuerpflichtigen im Kampf um die Steuer sind ausnahmslos eigennützig. Sie wollen entweder eine existierende Steuerbelastung vermindern oder eine drohende Steuerbelastung verhindern oder den Steuervorteil eines Konkurrenten beseitigen. Ein Petitum von Steuerpflichtigen oder von ihren Vertretern, das als Ergebnis eine höhere Besteuerung der Betroffenen zur Folge gehabt hätte, ist in der Geschichte der Besteuerung noch nicht bekannt geworden. Welche Argumente werden dafür angebracht?

Mit dem Eigennutz ist es merkwürdig bestellt. Er ist unbestritten das Lebenselixier der kapitalistischen Gesellschaft. Ohne ihn gibt es keinen Wohlstand. Das war bekanntlich der katastrophale Irrtum des Kommunismus, der Wohlstand versprach und zu massenhafter Armut und Verelendung führte. Der Eigennutz ist die Motivation, die die modernen kapitalistischen Gesellschaften so erfolgreich gemacht hat. Sogar das kommunistische China lässt die Politik kommunistisch sein, aber die Wirtschaft kapitalistisch, damit eben der Eigennutz der Gesellschaft insgesamt Wohlstand schaffe. Die gesellschaftliche Besonderheit am Eigennutz ist, dass er als Motiv eigenen Handelns niemals ausgesprochen werden darf. So zu handeln, ist Pflicht, um nicht für einen Versager gehalten zu werden. So zu sprechen, ist tabu. Das gilt im Privaten wie in der Politik. Wer gegen eine neue Eisenbahnlinie, Autobahn oder Flugzeugstartbahn ist, weil er den Lärm und den Wertverlust seines Hauses fürchtet, sagt niemals dieses, sondern argumentiert mit Umweltschutz, Tierschutz, mangelnder Wirtschaftlichkeit, Kulturschande, Verlust von Arbeitsplätzen usw. Die Bauern sorgen sich um gesunde Lebensmittel, Ärzteverbände um die Gesundheit der Patienten, die Lehrer um das Wohl der Kinder, die Gewerkschaften um die soziale Gerechtigkeit, Industrieverbände um die Wettbewerbsfähigkeit Deutschlands und die Arbeitsplätze. Das ist nicht neu. *Friedrich Nietzsche* hatte erkannt: „Die altruistische Moralpredigt im Dienste des Individual-Egoismus: Eine der gewöhnlichsten Falschheiten des 19. Jahrhunderts." Nicht nur des 19. Jahrhunderts.

So verhält es sich auch im Steuerrecht. Das überdachende Argument ist stets das Gemeinwohl, woraus seit rund zweihundert Jahren ziemlich unveränderte Argumentationsmuster der Steuerpflichtigen und ihrer Vertreter gegen Steuererhöhungen folgen. Sie hatten sich schon im 18. Jahrhundert auf fünf Grundmuster konzentriert, die sich auch heute noch in jeder Diskussion entweder allesamt, auf jeden Fall zum Teil finden. Das ist nicht nur in Deutschland so, sondern weltweit, weshalb folgend auch Beispiele aus den USA angeführt sind.[275]

Erstens: Das Vorhaben beschädigt bzw. vernichtet den von ihm betroffenen Wirtschaftszweig, zerstört dessen Wettbewerbsfähigkeit gegenüber dem Ausland und kostet Arbeitsplätze, wobei das Arbeitsplatzinstrument in den letzten Jahrzehnten an die erste Stelle dieses Katalogs gerückt ist.

Gegen die berühmte amerikanische Steuerreform unter Präsident *Ronald Reagan*, den Tax Reform Act of 1986, wurde geltend gemacht: Das Gesetz wäre Zyankali für die Bauindustrie, würde die Mieten für Wohnungen um 20 bis 40% erhöhen, gewachsene städtische Nachbarschaften zerstören, die „Oral Health" des amerikanischen Volkes gefährden, das Züchten von Pferden würde um 18% einbrechen, American Samoa würde verelenden, und Thunfisch in Dosen würde verschwinden.[276]

Schon dem preußischen Finanzminister *von Rheinbaben* war das bekannt:

Meine Herren, ich bin sonst nicht besonders ängstlich hinsichtlich der Klagen aller einzelnen Interessenten über die Neubelastung durch Steuern. Wenn alle die Phrophezeiungen in Wirksamkeit getreten wären, sich realisiert hätten, die die einzelnen Interessenkreise im Laufe der Jahrhun-

---

[275] Vgl. *Keen/Slemrod*, Rebellion, Rascals and Revenue (2021) S. 349.

[276] *Keen/Slemrod*, aaO S. 350. Vgl. auch *Tipke*, Einkommensteuer-Fundamentalreform, StuW 1986 S. 150, 157, ein Vademecum für Lobbyistenargumente.

derte bei Einführung neuer Steuern erhoben haben, dann lebte heutzutage kein Vogel mehr. Es ist ja begreiflich, daß die Interessenten sich gegen jede neue Belastung wehren, aber sie malen etwas schwarz.[277]

Zweitens: Das Vorhaben schädigt die deutsche Volkswirtschaft, bringt also makroökonomische Nachteile für Deutschland mit sich. Unternehmenssteuern sind immer zu hoch, müssen gesenkt werden, am besten auf null, weil das Steueraufkommen generiert und Arbeitsplätze schafft.

Drittens: Das Vorhaben ist praktisch nicht umsetzbar. Die Verwaltungs- und Erhebungskosten sind größer als das Steueraufkommen. In Deutschland sind diese Argumente gegen die Erbschaftsteuer und Vermögensteuer besonders geläufig. Eine besondere Rolle spielt in diesem Zusammenhang der Ruf nach Vereinfachung, die standardmäßig gefordert wird. Dieser ertönt auffälligerweise nur und ausschließlich, wenn die Vereinfachung gleichzeitig zu einer Steuersenkung führt oder jedenfalls keine Steuererhöhung bewirkt. Lässt sich durch eine Verkomplizierung eine Steuersenkung erreichen, wird diese als notwendiger Ausfluss der Einzelfallgerechtigkeit begrüßt.[278] Tatsächlich können deutsche Unternehmen und ihre Berater jede denkbare Komplizierung mitgehen und tun das auch liebend gerne, wenn im Saldo eine Steuerersparnis bleibt. Ich habe jedenfalls noch nie die Forderung nach einer Steuervereinfachung gelesen, die zu einer Steuererhöhung führt.

Viertens: Das Vorhaben ist verfassungswidrig, mindestens verfassungsrechtlich zweifelhaft. Die deutsche Begeisterung für die vollständige verfassungsrechtliche Durchdringung des Steuerrechts gibt diesem Argument besonderen Wert.[279] Kaum eine Vorschrift

---

[277] In der Reichstagsdebatte zur Reichsfinanzreform 1906. 7. Sitzung 7. Dez. 1905.

[278] Anschaulich *Zeitler* (ehemals Staatssekretär im BMF), Steuervereinfachung: Der Weg zum Ziel oder ist der Weg das Ziel? DStZ 1994 S. 705.

[279] Vgl. *Wernsmann*, Konstitutionalisierung des Steuerrechts und Gegenbewegungen, DVBl 2015 S. 1085; *Waldhoff*, Demokratie und Freiheit im bundesrepublikanischen Steuerstaat: Finanz- und steuerverfassungsrechtliche Diskurse 1949–2018, in Huhnholz (Hrsg.), Fiskus-Verfassung-Freiheit (2018) S. 325.

des deutschen Steuerrechts hat sich noch nicht dem Verdacht der Verfassungswidrigkeit ausgesetzt gesehen. Bisweilen werden jährlich Listen von Vorschriften veröffentlicht, die ihr Verfasser der Verfassungswidrigkeit und/oder Europarechtswidrigkeit für verdächtig hält.

Außerdem verstößt das Vorhaben gegen die Steuergerechtigkeit. Für eine gerechtere Besteuerung sprechen sich alle Verbände aus, wirklich alle. Interessant ist, mit welchen unterschiedlichen Mitteln sie dieses Ziel erreichen wollen. Die Unternehmensverbände mit Steuersenkungen für die Unternehmen. Die Gewerkschaften mit Steuersenkungen für die Arbeitnehmer und Steuererhöhungen für die Unternehmen. Die Bauern durch Senkung der Steuern für Bauern. Die Steuergewerkschaft durch Einstellung von mehr Steuerbeamten und deren höhere Bezahlung. Alles dieses mit dem gleichen Zahlenmaterial und häufig der gleichen wissenschaftlichen Ausbildung der Verfasser. Der Schluss liegt nahe, dass es sich hier um lauter Heuchler und Lügner handelt. Das wäre falsch. Die Besonderheit ist, dass die Verfasser wirklich glauben, was sie sagen. Es liegt eine déformation professionnelle vor, die sich bekanntlich dadurch auszeichnet, dass sie dem so Geprägten gar nicht bewusst ist.

Fünftens: Das Vorhaben schädigt andere, insbesondere die Armen, die Arbeitnehmer, die Hilfsbedürftigen, den Durchschnittsbürger, die Kirchen, den gemeinnützigen Sektor, insgesamt das Gemeinwohl oder arme andere Länder, Entwicklungsländer. Im modernen Zeitalter des Gutmenschentums, des Opferkults, der Liebe und Fürsorge für alle und jedes ist dieses Argumentationselement bei Steuervorhaben mit breiter Publikumswirkung ganz in den Vordergrund getreten. Deswegen wenden sich gegen eine Erhöhung der Zigaretten- oder Biersteuer deren Produzenten nicht mit dem Argument, dass das ihren Gewinn schmälern könnte, sondern damit, dass dem einfachen Mann sein Genuss weggenommen werde und eine Erhöhung der Mineralölsteuer führt dazu, dass nur noch Reiche Autofahren können. Gegen die Brausteuerreform im

Jahre 1906 führten die Brauereien ihre Sorge um die Wirte und die Trinker an.[280]

An diesen Argumenten ist nichts Unanständiges oder Ehrenrühriges. Sie müssen keinesfalls falsch sein. Selbstverständlich führen steuerliche Überbelastungen zu Wettbewerbsnachteilen für die betreffenden Wirtschaftszweige und ggf. für die gesamte deutsche Wirtschaft und zum Verlust von Arbeitsplätzen in Deutschland durch Verlagerung von Aktivitäten in das Ausland. Das ist nicht erst heute so. *August Bebel* SPD führte im Reichstag zur Tabaksteuervorlage 1906 aus:

Im Jahre 1892, als es sich hier auch um eine Erhöhung der Tabaksteuer handelte, haben 15 grössere Hamburger Zigarrenfabrikanten mitgeteilt, dass sie im Jahre 1878 100.760 Mille Zigarren fabrizieren liessen für einen Lohn von 1,881,324 M., 1000 Stück für 18,17 M. Als dann die Steuer eingeführt wurde, sind in Hamburg und Bremen Tausende und Abertausende von Zigarrenarbeitern in ihrer Existenz expropriiert worden, sie verloren ihre Arbeitsstelle und sind zu Tausenden nach Amerika ausgewandert, weil die Fabrikanten der Steuer wegen die Fabrikation nach Mittel- und Süddeutschland verlegten und ihre Fabriken in Hamburg und Bremen zu Wohnungszwecken einrichteten.[281]

Selbstverständlich werden ausländische Investitionen in Deutschland durch vergleichsweise hohe Steuern abgeschreckt. Selbstverständlich gibt es Menschen, die Deutschland wegen der ihnen zu hoch erscheinenden Steuerbelastung verlassen. Und es wäre sogar möglich, dass eine Unternehmenssteuersenkung auf null so viel mehr Investitionen und Arbeitsplätze schafft, dass das resultierende Aufkommen an Lohnsteuer und Umsatzsteuer den Verlust an Unternehmenssteuer überkompensiert.[282] Ein Gesetzgeber wäre dumm, solche Hinweise nicht zu beachten.

---

[280] Vgl. *Manicke*, Die Brausteuerreform, FinArch 1906 S. 255.

[281] *Manicke,* Die Tabaksteuervorlagen, FinArch 1906 S. 289.

[282] Von dem Gesamtsteueraufkommen des Jahres 2020 von 740 Mrd. Euro entfielen auf die Lohnsteuer 209 Mrd. = 28,3%, die veranlagte Einkommensteuer 59 Mrd. = 8%, die Körperschaftsteuer 24 Mrd. = 3,3%, die Gewerbesteuer 45 Mrd. = 6,1%, die Erbschaftsteuer 8,6 Mrd. = 1,2%, die Umsatzsteuer

Es finden sich auch humoreske Elemente. Nach der Senkung des Körperschaftsteuersatzes auf 15% soll sich ein Verband darüber beklagt haben, dass Abschreibungen und sonstiger Aufwand jetzt nicht mehr die gleiche Entlastungswirkung wie bei einer höheren Körperschaftsteuer hätten, und forderte eine Kompensation. Und ein Behindertenverband beklagte angesichts der Kfz-Steuerbefreiung für schadstoffarme PKW, dass Schwerbehinderte leer ausgingen, weil sie ohnehin keine Kfz-Steuer zahlen.

mit Einfuhrumsatzsteuer 219 Mrd. = 29,7%, die Energiesteuer 41 Mrd. = 5,1%, die Grunderwerbsteuer 16 Mrd. = 2,2%.

10.

Die Eigenheit der Steuerrechts-entstehung

„Gesetze sind wie Würste, man sollte besser nicht dabei sein, wenn sie gemacht werden." wird *Otto von Bismarck* zugeschrieben: zu viele Mitmischer, zu viele Zutaten, und eine ziemlich unappetitliche Zubereitung. Auch in die Genese der Steuergesetze fließen viele gänzlich unterschiedliche Faktoren ein: Die große Anzahl von Akteuren, die passive Betroffenheit extrem vieler Menschen und Institutionen, das Politikziel der Machterhaltung und -gewinnung, die Finanzlage des Staates, die Gegenläufigkeit der Interessen, das Expertentum der Ministerialbürokratie, der Mediendruck, die Gerichtskontrolle, sogar die Außenpolitik (besonders im internationalen Steuerrecht). Man kann (mit einer Entschuldigung gegenüber *Friedrich Nietzsche*) von der Geburt des Steuerrechts aus dem Geiste des Chaos sprechen. Die Art und Weise seiner Entstehung ist eine Besonderheit, wenn nicht gar ein „Markenzeichen" des Steuerrechts.[283] Dafür ist das Ergebnis gar nicht schlecht (s. folgend).

Es fängt schon mit der Vorphase an, die mit der Gesetzgebung noch gar nichts zu tun hat, wenn es um Wählerstimmen geht. Der Bundestagswahlkampf 2021 bot ein beredtes Beispiel. Die eher „rechten" Parteien zielten mit ihren Wahlprogrammen auf die „obere Hälfte" der Bevölkerung (und die, die das werden wollen), lehnten Steuererhöhungen ab und versprachen Steuersenkungen. Die eher

---

[283] Übertroffen wohl nur von der Gesetzgebung zum Gesundheitswesen mit dem geballten Widerstand der Länder (Krankenhausfinanzierung), der Ärzteschaft, Pflegepersonal, Krankenhäuser (Fallpauschalen), Krankenkassen, Pharmalobby, Bund Deutscher Arbeitgeber (Lohnnebenkosten), Gewerkschaften (Leistungen der GKV) mit ebenfalls Millionen Betroffenen – und alle wollen sich aus dem Topf der GKV bedienen.

„linken" Parteien zielten auf die eher „untere Hälfte" der Bevölkerung und wollten die Steuern für „Reiche" und „Besserverdienende" erhöhen, um damit die „Armen und Geringverdiener" zu beschenken: „Die Reichen sollen zahlen".[284] Wie weit solche Steuerversprechungen Wähler anziehen oder abstoßen, ist wissenschaftlich nicht zuverlässig untersucht, vermutlich eher weniger.[285] Ein Unternehmer, der bisher stets die CDU gewählt hat, wechselt auch dann nicht, wenn die CDU eine Vermögensteuer wieder einführen würde. Der lebenslange Linkswähler bleibt dabei auch, wenn ein FDP-Wahlversprechen ihm 2000 Euro Einkommensteuer ersparen würde. *Angela Merkels* Versuch, ihre Wahlchancen in der Bundestagswahl 2005 durch die Steuerideen von *Paul Kirchhof* und dessen faszinierende Persönlichkeit zu befördern, schlug vollkommen fehl, wie schon beschrieben wurde (S. 103). Nur selten scheinen die Steuern einen Wahlkampf zu entscheiden. Ein Beispiel sind vermutlich die Wahlkämpfe von *Ronald Reagan* in den Jahren 1980 und 1984 zur amerikanischen Präsidentschaft.[286] Aber das hindert nicht, dass die Steuern in jedem Wahlkampf als Werbeargument eingesetzt werden, auch wenn an eine Verwirklichung der Versprechen nach der Wahl nicht zu denken ist („Der Koalitionspartner blockiert – Sachzwang – veränderte Lage"). Die Politik weiß, dass das Wahlkampfgetöse von der Bevölkerung nicht ernst genommen wird und sie deswegen einiges „riskieren" kann. Ein Musterbeispiel war der Wahlkampf 2005. Dort propagierte die CDU/CSU eine Mehrwertsteuererhöhung um 2%. Die SPD kritisierte das als „höchst unsozial" und mit den Parolen „2% Merkel-Steuer auf alles" und „Merkel-Steuer – das wird teuer". Bekanntlich bildeten Union und SPD im November 2005 eine Koalition. In den Koali-

[284] *Eichfelder/Knaisch/Nicolai*, Orientieren sich die steuerlichen Reformvorschläge der Parteien zur Bundestagswahl 2021 am Leistungsfähigkeitsprinzip?, DStR 2021 S. 2168; das war vor der Bundestagswahl 1998 fast genauso, vgl. *Roland*, Ausblick auf die Steuerreform, DStR 1998 S. 1574.

[285] Vgl. *Fuest* et al., Der Wahlzyklus in der Steuerpolitik, FAZ Nr. 1 vom 3.1.2022 S. 18; *Köcher*, Schwieriges Wahlkampfthema Steuern, FAZ Nr. 138 v. 18.6.2013.

[286] *Graetz*, The US Income Tax (1999); *Shogan*, Presidential Campaigns and the Congressional Agenda: Reagon, Clinton and Beyond (2004); *Tipke*, Einkommensteuer-Fundamentalreform, StuW 1986 S. 150.

tionsverhandlungen einigten sich die Parteien auf eine Mehrwertsteuererhöhung um *3*% (!), die dann auch ab 2006 Gesetz wurde. Der Aufschrei wegen dieses „Wortbruchs" war überschaubar.

Nicht nur im Wahlkampf dient das Steuerrecht dem Machtziel der Parteien.[287] *Ingrid Matthäus-Maier* (ehemals MdB und Vorsitzende des Finanzausschusses des Bundestages) hat das 1985 deutlich ausgedrückt:

> Es müsste längst eine Quellensteuer her. Nur – Warum haben wir sie nicht? Als Herr Lahnstein [seinerzeit Staatssekretär im BMF] kurz vor der Bundestagswahl 1983, wie ich zugebe, nicht sonderlich geschickt, damit anfing, hat es ein so ungeheures Theater gegeben, dass es nachher Leute gab, die sagten: „Das hat die SPD eine sichtbare Zahl an Prozentpunkten gekostet." Dass das negativ war, ist gar kein Zweifel. Kanzler Sinowatz aus Österreich sagte, daran sei die absolute Mehrheit der SPÖ in Österreich kaputtgegangen.[288]

Dass es vom Machtinteresse intendierte Steuergesetze gibt, steht außer Frage. Eine Einkommensteuersenkung für die Masse der Bevölkerung kurz vor einer Wahl wäre ein schlagendes Beispiel. Auch so gut wie alle sogenannten Reichensteuern fallen in diese Kategorie. Sie bringen nur ein geringes Steueraufkommen, manchmal auf Grund von Reaktionen der Steuerpflichtigen sogar Steuermindereinnahmen, suggerieren aber dem Massenwähler, dass „die Reichen zahlen".[289] Man kann sie auch Symbolsteuern nennen. Symbolgesetze werden von Wissenschaftlern scheel angesehen („Alibigesetz"). Zu Unrecht. Für den politischen Entscheider können sie höchst effektiv sein, indem sie Tatkraft, Problemlösungskompetenz, Gerechtigkeit, Unabhängigkeit dokumentieren, auch wenn sie materiell ineffektiv sind.[290] Traditionell

---

[287] Vgl. *K. Vogel,* Der Verlust des Rechtsgedankens im Steuerrecht, DStJG Bd. 12 (1989) S. 128.

[288] In Raupach/Tipke/Uelner, Niedergang oder Neuordnung des deutschen Einkommensteuerrechts Band I (1985) S. 200.

[289] *Franke,* Steuerpolitik in der Demokratie (1993) S. 70, 90, 304; vgl. auch *Bös/Tillmann,* Neid und progressive Besteuerung, in Bös/Rose/Seidl (Hrsg.), Beiträge zur neueren Steuertheorie (1984) S. 65.

[290] Vgl. *Steinbach,* Rationale Gesetzgebung (2015) S. 42, 52, 301.

gehört zu diesen Symbolvorschriften zwecks Anbiederung bei dem Massenpublikum das (volle bzw. hälftige) Abzugsverbot für Aufsichtsratsvergütungen bei AG und GmbH gem. § 10 Nr. 4 KStG, eingeführt 1925 mit der Begründung, es handele sich bei den Aufsichtsratsvergütungen um „ohne besondere Mühe erworbene Bezüge", was der heutigen Sachlage sicher nicht mehr entspricht. Die „Reichensteuer" ab 2007 von 3% „mehr" für zu versteuernde Einkommen über EUR 250.000 (§ 32a Abs. 1 EStG), die nach der Gesetzesbegründung „vor allem dem Umstand Rechnung tragen soll, dass starke Schultern mehr tragen können als schwache",[291] ist eine „fiskalische Alibi-Veranstaltung, die zwar als symbolischer Akt geeignet ist, die wenigen betroffenen Reichen zu diffamieren, zu einem relevanten Aufkommen oder zu merklicher Umverteilung jedoch nicht führt".[292] Die Aufrechterhaltung des Solidaritätszuschlags (nur) für die oberen 10% der Einkommensbezieher läuft ebenfalls unter der Flagge „Die Reichen sollen zahlen", damit die Armen richtig wählen.[293] Auch die Erbschaftsteuer mit ihrem relativ geringen Aufkommen hat Elemente einer Symbolsteuer zur Herstellung „sozialer Gerechtigkeit". Zur Vermögens-Umverteilung trägt sie mangels Masse nicht bei, macht aber diesen Eindruck.[294] Der jüngste Fall war die aufgrund der Coronaseuche für das 2. Halbjahr 2020 verordnete Umsatzsteuersenkung von 19% auf 16% bzw. auf 7% für Gastronomieumsätze, volkswirtschaftlich wirkungslos, aber mit dem Symbolwert „Wir tun was". Das alles hat vor allem *Klaus Tipke* ausführlich beschrieben.[295] Ob sich mit solchen Gesetzen tatsächlich Wähler kaufen lassen, ist wenig untersucht. Wie es scheint, ist das jedenfalls in Deutschland nur in geringem Ausmaß der Fall gewesen.[296] Die Verurteilung solcher

[291] BR-Drs. 330/06.

[292] *Rürup/Lichter*, Handelsblatt vom 29.7.2013 S. 13.

[293] Zum „Soli" *Papier*, Die Warnung (2019) S. 162.

[294] Vgl. die Begründung zum ErbStG 1974 in BT-Drs. VI/3418 S. 49; Wissenschaftlicher Beirat beim BMF, Einkommensungleichheit und soziale Mobilität (2017) S. 38.

[295] Die Steuerrechtsordnung Bd. III (2. Aufl. 2012) S. 1364, 1783.

[296] *Piltz*, in DStJG Bd. 37 (2014) S. 409; *Fuest* et al., Der Wahlzyklus der Steuerpolitik, FAZ Nr. 1 vom 3.1.2022 S. 18; *Köcher*, Schwieriges Wahlkampfthema Steuern, FAZ Nr. 138 v. 18.6.2013.

Steuergesetze als „Stimmenfangpolitik“ und ähnliches geht fehl. Demokratie beruht auf Mehrheitsentscheidungen, die von dafür vom Volk gewählten Repräsentanten getroffen werden. Ein sich nach dem Mehrheitswillen ausrichtendes Steuerrecht ist deswegen nicht *un*demokratisch, mag es auch wissenschaftlich noch so ein Unfug sein.

Nicht nur das Symbolgesetz, sondern auch die Symbolforderung wird eingesetzt. *Klaus Tipke* konstatierte 1987, dass es seit Bestehen der Bundesrepublik Deutschland ein „fast permanentes Reformpalaver und weitgreifende Reformversprechungen“ gebe.[297] Zahllos sind die Steuervorschläge aus der Politik, deren Urheber nicht am Steueraufkommen interessiert sind, sondern an der „Gerechtigkeit“ und damit bei der Wählerschaft Eindruck schinden wollen. Dazu gehören die Forderung nach einer „Steuererklärung auf dem Bierdeckel“ und nach quasi enteignenden extrem hohen Vermögensteuern und Erbschaftsteuern „für Reiche und Superreiche“ ebenso wie die Forderung nach „Übergewinnsteuern“ oder „Gewinnabschöpfung“ oder „Kriegsgewinnlerbesteuerung“, wenn eine Branche zufällig einmal besonders hohe Gewinne macht. Der gleiche Gedanke kehrt mit der Forderung nach einem (teilweisen) steuerlichen Abzugsverbot für (hohe) Managergehälter wieder, häufig ausgelöst durch medienhochgespülte Einzelfälle: systematisch und dogmatisch falsch, aber „primitiv“ publikumswirksam, besonders im Wahlkampf.[298] Sinnhaftigkeit oder die Rechtslage spielen dabei keine Rolle. Das historische Musterbeispiel stammt aus dem Jahre 1924, an dessen 10. April *Hugo Stinnes* starb, der damals reichste Deutsche. Alleinerbin wurde seine Ehefrau. Nach damaligem ErbStG war der Ehegattenerwerb steuerfrei (nach dem Tode der Ehefrau zahlten die Kinder von *Stinnes* Erbschaftsteuer). Ein Vertreter der kommunistischen Partei nannte diese nach dem Gesetz unvermeidliche Rechtsfolge den „größten Steuerbetrug,

[297] *Tipke*, Über Steuerreform und Steuergerechtigkeit, FS Zeidler Bd. I (1987) S. 717.

[298] Vgl. *Hey/Hey*, Abzugsverbot für Managergehälter. Untaugliche Symbolpolitik, FR 2017 S. 309.

den wir in Deutschland gesehen haben".[299] Die SPD-Zeitung Vorwärts sprach von „gesetzlicher Steuerhinterziehung".[300] Im Juli 1924 ging im Reichstag ein Antrag der SPD auf eine Gesetzesänderung zwecks Streichung der Erbschaftsteuerfreiheit des Ehegattenerwerbs rückwirkend auf den 1. April 1924 ein, womit der Erbfall *Stinnes* nachträglich steuerpflichtig geworden wäre. Der Antrag wurde abgelehnt, ist aber ein schönes Beispiel für den Umgang der Politik mit dem Steuerrecht zwecks Erzielung politischer Vorteile.[301] Deswegen ist für die politischen Parteien auch die Psychologie von Steuererhöhungen und Steuersenkungen ein wichtiges Studienobjekt.[302]

Steuererhöhungen, die alle Steuerpflichtigen relativ gleich treffen, werden nicht geliebt, aber am Ende dann doch akzeptiert. Gemeinsames Leid ist halbes Leid. Politiker einer Regierung, die eine solche Steuererhöhung initiieren, brauchen sich um ihre Wählerbeliebtheit keine großen Sorgen zu machen, besonders wenn eine „nationale Notlage" die Erhöhung gebietet. Die Erhöhung bestehender Steuern ist psychologisch wesentlich leichter durchzusetzen als die Einführung neuer Steuern. Wenn eine neue Steuer unvermeidlich ist, dann zu Beginn mit niedrigen Sätzen, die nach der Eingewöhnung relativ widerstandslos angezogen werden können, für welches Vorgehen z.B. die Umsatzsteuer (ab 1968), die Mineralölsteuer (ab 1986) und die Grunderwerbsteuer (ab 1996) stehen (s. folgend S. 202).

Bei Steuersenkungen ist die politische Rechnung anders. Wenn sie im gleichen Verhältnis über alle Steuerpflichtigen „mit der

[299] *Frank*, Erbschaftsteuer und Unternehmung (1969) S. 111.

[300] *Lion*, Die Erbschaftsteuer des Ehegatten (Lex Stinnes), DStZ 1924 Sp. 486.

[301] Die SPD war auch zufrieden, weil sie ihrer Klientel eine Aktion gegen die Reichen nachweisen konnte.

[302] Dazu allgemein *Franzen*, Steuerpsychologie und Steuerpolitik (2010); *Schmölders*, Finanz- und Steuerpsychologie (1970); grundlegend und immer noch lesenswert der Italiener *Amilcare Puviani*, Teoria dell 'Illusione Finanziara (1903), deutsch als Die Illusionen in der öffentlichen Finanzwirtschaft (1960), eine Fundgrube für Steuerpolitiker (nicht nur) in der Tradition von *Niccolo Machiavelli*.

Gießkanne" ausgeschüttet werden, wie es bei sprudelnden Steuereinnahmen stets gefordert wird, erhöht der dies initiierende Politiker seine Wählerbeliebtheit vielleicht bei denen, die ihn sowieso wählen würden, kann aber niemanden hinzugewinnen. Aus politischer Sicht ist das ein sinnloser Akt. Richtig ist es, das überschüssige Geld nur an bestimmte gesellschaftliche Gruppen zu verteilen, was auch durch spezifische Steuersenkungen geschehen kann. Damit lassen sich Wählerstimmen der so bevorzugten Gruppen gewinnen. Deswegen war es aus der Sicht der SPD 2017 richtig, den Solidaritätszuschlag nicht abzuschaffen, sondern für die „Reichen" bestehen zu lassen und nur für die „Armen" abzuschaffen, weil die SPD sich ausrechnen konnte, dort einige (verlorene) Wählerstimmen hinzuzugewinnen. Es geht um „zielgenaue" Wirkungen. Dagegen sind Steuersenkungs*versprechen* im Wahlkampf für alle und insbesondere mit Schwerpunkt für „die hart arbeitenden Menschen" und die „Geringverdiener" für Politiker ein Muss – auch wenn das objektiv unmöglich oder in Wirklichkeit gar nicht gewollt ist. Die Menschen nehmen sie sowieso nicht ernst und fordern sie später auch nicht ein. Aber sie schaffen eine wohlige Atmosphäre, die die Wähler wollen, weshalb die Politiker sie ihnen geben.

Auch im Übrigen spielt die Steuerpsychologie für die steuerpolitische Seite der Steuergesetzgebung eine wichtige Rolle, insbesondere hinsichtlich des Timings. Steuerliche „Grausamkeiten" müssen alsbald nach einer Wahl und dem Antritt der neuen Regierung verabreicht werden, damit sie bis zur nächsten Wahl vergessen sind. Steuerliche Wohltaten müssen dagegen langfristig angekündigt und relativ kurzfristig vor einer Wahl realisiert werden. Steuersenkungen sind nur sinnvoll, wenn sie spürbar sind (Wahrnehmbarkeitsschwelle) und sollten in „kleinen Portionen" über den Wahlzyklus verteilt werden, wie auch nicht alle Weihnachtsgeschenke in eine Schachtel verpackt werden. Steuererhöhungen erzeugen weniger Unmut, wenn sie „in einem Aufwasch" erfolgen als in zwei Hälften und sollten außerdem gleichzeitig mit einer steuerlichen Wohltat versehen werden, natürlich geringer als die Erhöhung, damit noch Aufkommen verbleibt.[303]

Die reale Steuerpolitik beherzigt das. Erstellt aufgrund von Daten, die das Bundesfinanzministerium geliefert hat, gibt es hierzu für Deutschland eine Studie für zehn Legislaturperioden von 1964 bis 2004.[304] Die Ergebnisse für diesen Zeitraum sind folgende:

- Bundesregierungen jeder Parteizugehörigkeit setzen das Steuerrecht (auch) zur Wahlwerbung ein.
- Für am wahlwirksamsten werden Änderungen bei der Einkommensteuer und Lohnsteuer gehalten.
- Steuererhöhungen erfolgen typischerweise im Jahr nach der Wahl und im darauffolgenden Jahr.
- Steuersenkungen werden so terminiert, dass sie sich für die Stimmberechtigten im Wahljahr bemerkbar machen.
- Parteien, die im Bundestag und im Bundesrat die Mehrheit haben, scheuen Steuererhöhungen, weil sie dafür von den Wählern als Alleinverursacher verantwortlich gemacht werden.
- Steuererhöhungen sind leichter durchzusetzen, wenn die Mehrheit im Bundesrat der Opposition angehört und diese zustimmt oder eine große Koalition regiert, weil der Wähler dann alle Parteien verantwortlich macht.
- Eher rechtsorientierte Parteien neigen zu einer Erhöhung der direkten Steuern und Senkung der indirekten Steuern. Eher linksorientierte Parteien tendieren umgekehrt zu einer Senkung der direkten Steuern und Erhöhung der indirekten Steuern (beides übrigens gegen eine weit verbreitete Vermutung).

Koester stellte aber auch fest, dass die Wirkungen dieser wahlopportunistischen Steuerpolitik nur zum Teil so sind wie erhofft. Die Wähler belohnen zwar die steuersenkende Regierung mit

303 *Franzen*, Steuerpsychologie und Steuerpolitik Teil II (2010) S. 126; *A. Puviani*, Die Illusionen in der öffentlichen Finanzwirtschaft (1960) S. 151 und 172.

304 *Koester*, The Political Economy of Tax Reforms, Diss. Humboldt Universität Berlin (2009); vgl. auch *Wagschal*, Steuerpolitik und Steuerreformen im internationalen Vergleich (2005).

ihren Stimmen und bestrafen die Steuererhöhungspartei. Aber: Sie fällen diese Entscheidung nicht aufgrund der im Wahljahr wirkenden Steuerveränderungen, sondern aufgrund der Steuerpolitik der ganzen Legislaturperiode, sind also nicht so kurzfristig manipulierbar, wie von der Regierung erhofft.

Die Gemengelage der Steuerrechtsgenese kennzeichnet auch das fachlich-juristische Niveau der Inhaltsdiskussion. Wenn etwa das BGB oder das StGB geändert werden, hat man als Beobachter durchaus den Eindruck einer fachlichen Diskussion unter Experten auf hohem Niveau, jedenfalls nicht den Eindruck einer Kungelei. Das galt auch für das neue Aktiengesetz im Jahre 1965 oder das Umwandlungsgesetz im Jahre 1994 und gilt allgemein für Gesetze mit hohem technischen Anteil wie etwa das Atomgesetz. Das alles gibt es selbstverständlich auch im Steuerrecht. Eine Änderung des UmwStG dahin, ob eine bestimmte Umstrukturierung zur Auflösung stiller Reserven führt oder nicht, wird gewöhnlich in einer rein fachlichen Diskussion erörtert. Auch die Entstehung der AO 1977 war ganz überwiegend eine „Expertenangelegenheit" ohne parteipolitische Schaukämpfe.

Das gilt aber nicht für die Steuergesetze, die entweder einen großen Teil der Wählerschaft betreffen, wie z.B. die Steuersätze des EStG und des UStG oder der Mineralölsteuer (Energiesteuer), oder für Steuerfragen, die zwar (im Vergleich zur Anzahl aller Steuerpflichtigen) nur wenige Steuerpflichtige betreffen, aber hohe Öffentlichkeitswirksamkeit haben wie z.B. die BEPS-Diskussion (Base Erosion and Profit Shifting), und solche, die besonders einflussreiche Gruppen der Gesellschaft betreffen, hier ganz vorne die Erbschaftsteuer. Bei diesen „wählerwirksamen Steuergesetzen" finden wir eine eigenartige Zweispurigkeit.

Auf der einen Seite werden in der Ministerialbürokratie exzellente juristisch hochklassige, allen Ansprüchen an eine gute Gesetzgebung gerecht werdende Ideen, Gutachten, Gesetzentwürfe, Erläuterungen produziert.[305] Auf dem gleichen Niveau kommentieren hierzu Wissenschaftler oder produzieren ebenfalls hochklassige Ideen und Gesetzesentwürfe. Auch die Stellungnahmen der Verbände können in diesem Sinne hochklassig sein. Und selbstverständlich gibt es auch politische Entscheider, die auf diesem Niveau mitdenken und mitreden können.

Auf der anderen Seite finden wir dann die mit dieser Hochklassigkeit nichts zu tun habenden politischen Entscheidungen mit völlig anderer Motivation und häufig völlig anderen Ergebnissen (oben S. 123). Zum Beispiel wegen einer Gegenleistung, die mit Steuern nichts zu tun hat, oder weil eine Bundestag- oder Landtagswahl bevorsteht, oder weil ein Wahlversprechen eingelöst werden soll, oder weil eine Schau vor den Medien abgezogen werden soll, oder einfach aus Faulheit und Unverständnis. Ein „schönes" Beispiel ist die Erbschaftsbesteuerung der Ehegatten. In weiten Teilen der Bevölkerung wird sie für „unanständig" gehalten, weshalb es seit jeher Anregungen gab, den Ehegattenerwerb von der Erbschaftsteuer auszunehmen (wie es bis 1945 in Deutschland zum Teil auch der Fall war). Im Vermittlungsausschussverfahren zum ErbStG 2016 propagierte das die CDU/CSU. Die SPD befürwortete das auch, aber nur unter der Bedingung, dass dies auch für eingetragene Lebenspartner gelte. Letztes wiederum lehnte die CDU/CSU ab (damals noch gegen die „Schwulenehe"). Obwohl also die große Regierungs- und die große Oppositionspartei und damit die große Mehrheit des Bundestages für die Abschaffung der Ehegattenbesteuerung war, blieb es dabei.

Insbesondere vor Wahlen mutiert die Steuerpolitik von der Sachpolitik zur Machtpolitik. Alle Parteien richten ihr Verhalten in einer Steuerreformdebatte auf ihre Wahlchancen aus. Vor der Bundestagswahl 1998 (Regierungsparteien CDU/CSU und FDP) ging es auch um eine signifikante Erhöhung der Mineralölsteuer unter dem Stichwort „Ökosteuer". Die CDU war dafür, ebenso die SPD, die CSU und die FDP dagegen. Nachdem die CSU ebenfalls die

[305] Die teilweise umfassenden Vorarbeiten in Bundes- und den Länderfinanzministerien, oft mit mehreren Alternativen, werden gewöhnlich nicht öffentlich.

Ökosteuer befürwortete, fehlte zur Reform nur noch das „Ja" der FDP. Aber zu diesem Zeitpunkt wollte die FDP keinesfalls ihren Ruf als Steuersenkungspartei kompromittieren und

> hatte sich in der FDP bei Fraktionschef Solms und dem Parteivorsitzenden Gerhard die Überzeugung durchgesetzt, dass eine Fortsetzung der Konfrontation zwischen Koalition und Rot-Grüner Opposition den Liberalen für die Wahl 1998 die bessere Überlebensperspektive bot als eine teilweise Auflösung von Bundesratsblockade und Reformstillstand.[306]

Die Rechnung ging bekanntlich nicht auf, weil SPD und Bündnis 90/Die Grünen (nach 16 Jahren *Helmut Kohl*) die Wahl gewannen.

Diese seltsame Gemengelage aus (nicht nur, aber auch) höchstem fachlichen und spezifisch politischen Niveau macht den Ausgang mancher Steuergesetzgebungsinitiativen so immens unberechenbar. Es ist auch genau dieser Umstand, der die Steuerwissenschaft so erschreckt und ratlos über die Qualität des Steuerrechts macht: „Das kann doch nicht wahr sein!". Prototypisch hierfür ist der oben (S. 150) erwähnte „Brandbrief" des Wissenschaftlers *Joachim Lang* an den Bundespräsidenten, das von Bundestag und Bundesrat beschlossene ErbStG 2009 nicht zu unterzeichnen: „Ich habe noch nie erlebt, dass dem Bundespräsidenten ein Gesetz mit einer derart evidenten Verfassungswidrigkeit vorgelegt wurde".[307] Die spätere Verwerfung durch das Bundesverfassungsgericht bestätigte diese Aussage.[308] Und doch wurde es Gesetz.

Hier schließt sich der Kreis, und wir kommen wieder bei den Zitaten von *Beckert*, *Schön*, *Tiepelmann* und *Koch* (S. 27) und den Erfahrungen von *A. Schäffle* (S. 35) über den Kampf ums Steuerrecht an. Ein Politologe hat es wie folgt zusammengefasst:

> Finanzpolitik mag man sich rational wünschen. Sie ist es aber nicht und kann es im politischen Geschäft moderner Parteidemokratien westlicher Prägung auch gar nicht sein.

---

306 *Wolfgang Schäuble*, Mitten im Leben (2000) S. 24.
307 Die Zeit vom 11.12.2008 Nr. 51 S. 40.
308 BVerfG 17.12.2014, BVerfGE 138 S. 136.

Daher wird die Steuerpolitik in allen wichtigen Aspekten auf höchster Ebene bestimmt, im Koalitionsvertrag zwischen den Spitzen der Koalitionsparteien, zuvor innerparteilich und nicht zuletzt im Kabinett oder in den Arbeitsgremien. In einem solch zentralen Gebiet wie der Steuerpolitik, ist ministerielle Führung nicht möglich. Dies gilt erst recht angesichts der finanzpolitischen Verflechtung der Ebenen im deutschen Föderalismus.

Das Steuerrecht ist deshalb so kompliziert, unsystematisch und „irrational", weil es das Ergebnis mannigfaltiger, schwer errungener Kompromisse widerstreitender Interessen und Bestandteil von „Paketlösungen" ist, auch dann, wenn klare politische Mehrheiten existieren.[309]

Unter diesen Umständen kann ein gewisser Pessimismus für die Zukunft des Steuerrechts nicht verwundern. *Paul Kirchhof* meinte 2004: „Der Steuerstaat stolpert und wird stürzen, wenn wir ihn nicht bald grundlegend erneuern."[310] Das war noch milde ausgedrückt. Vor 25 Jahren sammelte eine Dissertation Schlagwörter ihrer Zeit: Dekadenzphänomen, Steuerdschungel, Paragraphendschungel, Augiasstall, Normenflut, Wegwerfware, Missgeburt, legislative Anarchie, Chaos! Chaos, wohin man blickt.[311] Der Volksmund spricht von den „vielen Köchen", die das Steuergesetz zubereiten, was die pejorative Konnotation „verderben den Brei" aufruft. Aber: Gegen alle Unkenrufe – auch und gerade von kompetenten Beobachtern – muss man konstatieren, dass seit dem Bestehen der Bundesrepublik das deutsche Steuerrecht seine zentrale Aufgabe: **Versorgung des Staates mit Geld zur Erfüllung seiner Aufgaben bei Aufrechterhaltung eines den Erwerb ermutigenden Wirtschaftsrahmens,** durchgängig erfüllt hat. Mit Schrammen, aber ohne Crash. Wenn man die engen Grenzen, die der Steuerpolitik gesetzt sind – rechtlich das Grundgesetz, Europarecht und Staatsverträge, rechtstatsächlich vor allem der Widerstand der eigenen Reihen, der Opposition, der Steuerpflichtigen, der Medien, der Wissenschaft – in die Beurteilung einbezieht, kann man sogar von einem „voll befriedigenden" bis „guten" Ergebnis (gemäß juristischer Notenskala) sprechen.

[309] *Stephan Heichel*, FAZ Nr. 283 von 5.12.2009 S. 10 Leserbrief.
[310] Der sanfte Verlust der Freiheit (2004) S. 1.
[311] *A. Klein*, Steuermoral und Steuerrecht (1997) S. 195.

Das ist auch der innere Grund dafür, dass die Bürger gegen das Steuerrecht seit 70 Jahren eben nicht „auf die Barrikaden" gehen, sondern es rechtstreu befolgen. Einen „echten" Steuerwiderstand der historischen Art (S. 30, 34) gibt es in Deutschland nicht. Selbst wenn man eine erhebliche Leidensfähigkeit und Freude am Gehorchen des deutschen Volkes und Verständnislosigkeit für das Steuerrecht einrechnet: das deutsche Steuerrecht ist im Saldo von den Steuerpflichtigen akzeptiert. Diese Akzeptanz der Bevölkerung im Gegensatz zu dessen herber Kritik durch die Experten resultiert natürlich auch aus der unterschiedlichen Wahrnehmung und Wahrnehmungsfähigkeit. Wenn *Klaus Tipke* oder *Joachim Lang*, um zwei verstorbene Größen des Steuerrechts als Zeugen zu fingieren, die Paragraphen des ErbStG über die Unternehmensbegünstigungen (§§ 13a, b, c, 19 a, 28 a ErbStG) oder der AO über meldepflichtige Steuergestaltungen lesen (§§ 138d bis 138k AO), wird ihnen deshalb übel, weil sie wissen, was sie lesen. Wenn ein Normalbürger oder sogar ein potentiell betroffener Unternehmer sie lesen, verstehen sie nichts und können höchstens darauf vertrauen, dass das Gesetz eine vernünftige Regelung enthält. Manchmal ist Wissen nicht Macht, sondern macht unglücklich. Die Politik wird auch deswegen nicht für schlechtes Steuerrecht zur Rechenschaft gezogen, weil es keiner versteht und es „keiner gewesen ist".[312]

[312] Vgl. *A. Klein*, Steuermoral und Steuerrecht (1997) S. 160; *Tipke,* Steuergerechtigkeit unter besonderer Berücksichtigung des Folgerichtigkeitsgebots, StuW 2007 S. 201, 214.

11.

Und wer gewinnt?

Kämpfe haben Sieger und Verlierer oder gehen unentschieden aus. So liegt es auch im Kampf um das Steuerrecht. Welche Ergebnisse hat dieser Kampf in Deutschland in der Vergangenheit gehabt und wie ist das gegenwärtige Resultat? Was war das Ergebnis der „gesellschaftlichen Aushandlungskämpfe" um die Steuer?

a) „Demokratisches Steuerrecht"

In den letzten rund 150 Jahren sind Steuergesetze in Deutschland auf demokratische Weise, d.h. durch Mehrheitsbeschluss eines vom Volk gewählten Parlaments entstanden. Hat das Einfluss auf den Inhalt der Steuergesetze, wer wieviel Steuern zahlt?

Wie schon dargelegt, sind Einkommen und Vermögen der Menschen ungleich verteilt. Wenige Menschen haben viel Einkommen und viel Vermögen und viele Menschen haben weniger Einkommen und Vermögen. Deshalb wird von der Einkommenspyramide und der Vermögenspyramide gesprochen. Dabei muss das Fundament der Pyramide nicht am breitesten sein, sondern kann sich auch wieder verengen, so dass die Schichtung nicht „wenig Reiche – viele Arme" lautet, sondern „wenig Reiche – viele in der Mitte – wenig Arme". Die Schwankungen der Ungleichheit sind historisch stark und ein Dauerthema der gesellschaftlichen Diskussion, in der Gegenwart wieder einmal mit größerer Lautstärke. An dem Grundbefund, dass es in Deutschland (und übrigens allen anderen Ländern) in jeder Gesellschaftsform stets relativ wenige

„Reiche" und eine Mehrheit von „Armen" gegeben hat und gibt, ändert das nichts.[313]

Konträr zur ungleichen Verteilung von Einkommen und Vermögen ist das Gewicht der Stimme, die ein Wähler hat. Bekanntlich hat bei den Wahlen jeder Mensch die gleiche Stimme, unabhängig davon, was er verdient und wieviel er hat, one man one vote (Art. 38 GG). Nach dem im Grundgesetz für die Gesetzgebung geltenden Mehrheitsprinzip bedeutet das, dass die Entscheidung über die Steuerbelastung von Mehrheiten getroffen wird. Projiziert auf alle Wähler stimmt folglich die arme Mehrheit auch über die Steuerbelastung der reichen Minderheit ab. Deswegen kann man für die Steuerlastverteilung in Demokratien erwarten, dass die Minderheit der Hochverdiener und Reichen hoch belastet und die arme Mehrheit entlastet wird: „Die Reichen sollen zahlen.". Das Ergebnis wäre eine Umverteilung von den Reichen zu den Armen[314] und in der Folge eine Verringerung der materiellen Ungleichheit in der Gesellschaft. Für eine solche Prognose spricht alles. Für die Armen ist es verlockend, den Reichen etwas wegzunehmen. Für die Politiker ist es ebenso verlockend, den wenigen

[313] Die Veröffentlichungen zum Thema Ungleichheit von Einkommen und Vermögen sind Legion, überwiegend politisch-messianisch mit „skandalösen" Ergebnissen und dem Ziel „Soak the rich.". Breitenwirksam war *Thomas Piketty*, Das Kapital im 21. Jahrhundert (2013). Regelmäßig erscheint der World Inequality Report. *Oxfam* publiziert jährlich kurz vor dem Weltwirtschaftsforum in Davos einen Bericht mit der Schlagzeile, dass acht Menschen auf der Welt soviel Vermögen gehört wie der unteren Hälfte der Weltbevölkerung, also ca. 3,5 Milliarden Menschen (Zahlen 2017). Auch die *OECD* ist regelmäßig dabei: Does Inequality Matter? (2021). Für Deutschland z. B. *Wissenschaftlicher Beirat beim BMF*, Einkommensungleichheit und soziale Mobilität (2017); sowie die Armuts- und Reichtumsberichte der *Bundesregierung*, zuletzt der 6. Bericht vom Mai 2021.

[314] Mit den „Armen" sind hier natürlich nicht die Armen gemäß der sog. absoluten Armutsquote (mindestens 2 Dollar am Tag und ähnlich) gemeint, und erst recht nicht die Armen gemäß der sog. relativen Armutsquote (weniger als 50 % des Durchschnittseinkommens und ähnlich), mit der die Armutsfunktionäre die Quote eigennützig auch dann hochhalten, wenn sich alle Einkommen verdreifachen, sondern der große Block, der nicht zu den Menschen mit höheren Einkommen und Vermögen zählt, symbolisch vielleicht im Bereich von 90 %.

Reichen Steuern wegzunehmen, um mit den dadurch möglichen Geschenken die Stimmen der vielen Armen zu kaufen, die sie an die Macht bringen oder dort halten, wie *George Bernard Shaw* klassisch zusammengefasst hat: „A government which robs Peter to pay Paul can always depend on the support of Paul.“ Das „ideale demokratische Steuersystem“ sieht deshalb wie folgt aus:[315]

- Eine progressive Einkommensteuer, die große Teile der Bevölkerung nicht erfasst und das Steueraufkommen schwerpunktmäßig bei relativ wenigen Personen erzielt.
- Eine Vermögensteuer für wenige Reiche und Superreiche.
- Eine Erbschaftsteuer für ebenfalls wenige Reiche und Superreiche.
- Hohe Verbrauchsteuern für Gegenstände, die typischerweise von Hochverdienern und Reichen gekauft werden (Luxussteuer).

Nicht „demokratisch“ sind Umsatzsteuern und sonstige Verbrauchsteuern auf Gegenstände, die alle Menschen benötigen. Es nimmt nicht Wunder, dass ein Steuersystem dieser Struktur von bestimmten politischen Parteien in der Vergangenheit gefordert worden ist und in der Gegenwart gefordert wird.[316] Tatsächlich entsprach die Steuerstruktur in Deutschland einem Teil dieser Forderungen, aber niemals vollständig.

[315] Das ist wohlgemerkt die realpolitische Sicht. *Schön*, Taxation and Democracy, Tax Law Review 2019 S. 235; *Ders.*, Leitideen des Steuerrechts, StuW S. 289, 293; *Ders.*, Grundrechtsschutz gegen den demokratischen Steuerstaat, JöR Bd. 64 (2016) S. 515, 521. Natürlich lässt sich hierfür auch die Rechts- und Gerechtigkeitsphilosophie in Stellung bringen. Dazu instruktiv *Osterloh-Konrad*, Zur Legitimation steuerlicher Umverteilung, StuW 2017 S. 305; *Dies.*, Steuergerechtigkeit und Umverteilung, StuW 2022 S. 311. Vgl. auch die Nachweise in Fn. 11.

[316] Vgl. *Piltz*, Folgerungen aus der Entwicklung der deutschen und englischen Einkommensteuer, StuW 2014 S. 30.

b) Die Entwicklung bis 1990[317]

Bis 1918 lag die Steuerhoheit im Deutschen Reich bei dessen 26 Einzelstaaten. Mit Abstand größtes Land war Preußen. Die wichtigsten Steuern waren die Einkommensteuer sowie zahlreiche Verbrauchsteuern, in Preußen auch eine Vermögensteuer. Die Erbschaftsteuer war schon ab 1906 reichseinheitlich. Die gesamtwirtschaftliche Steuerquote im Reich (Steueraufkommen in Prozent des Bruttoinlandsprodukts) lag bei etwa 8%. Die Steuerlast war eher auf die „Kleinen" als die „Großen" verteilt. Zur Kriegsfinanzierung wurden während des 1. Weltkriegs die Steuern erhöht und eine allgemeine Umsatzsteuer eingeführt, jedoch der größte Teil der Kriegskosten schuldenfinanziert.

Nach dem Ende des 1. Weltkrieges im November 1918 verlangten die Ausgaben für Schuldentilgung und Demobilisierung, Kriegsfolgekosten, Wiederankurbelung der Wirtschaft, Reparationsforderungen der Siegermächte extrem höhere Leistungen. Das führte zum Urknall der deutschen Steuergeschichte, indem zwischen Sommer 1919 und März 1920 unter dem Finanzminister *Matthias Erzberger* (Zentrum) und dem Reichskanzler *Gustav Bauer* (SPD) eine vollständige Umgestaltung des deutschen Steuerrechts erfolgte. Fast alle Steuergesetze waren jetzt reichseinheitliche Gesetze. Auch die Steuerverwaltung wurde reichseinheitlich, ebenso wie die Rechtsprechung mit dem Reichsfinanzhof. Eine Einkommensteuer mit einem progressiven Tarif bis zu 60%, Körperschaftsteuer mit 20%, Umsatzsteuer als allgemeine Verbrauchsteuer mit 2,5%, Erbschaftsteuer bis zu 90% prägten die neue Steuerlandschaft. Die Steuerquote stieg auf rund 15%. Die meisten dieser Steuererhöhungen gingen zu Lasten der „Reichen", was zu einer beträchtlichen Kapitalflucht aus Deutschland führte, insbesondere in die Schweiz. Die wirtschaftlichen Verhältnisse und die extreme

[317] *Bach*, 100 Jahre deutsches Steuersystem: Revolution und Evolution, StuW 2019 S. 105; *Buggeln*, Das Versprechen der Gleichheit (2022); *Piltz*, Mehrheitsmacht und Minderheitenschutz in der Steuergesetzgebung, FS Haarmann (2015) S. 766.

Inflation erzwangen während der Weimarer Zeit Absenkungen dieser Steuerbelastungen, aber nur relativ gering.

Die nationalsozialistische Regierung 1933 – 1945 behielt die Steuerstruktur der Weimarer Zeit im Wesentlichen bei, verbesserte aber die Systematik der Gesetze sowie die Ausbildung der Finanzverwaltung sowie den Vollzug der Steuergesetze. Steuererhöhungen ab 1936 belasteten mit Rücksicht auf die öffentliche Wahrnehmung vor allem Unternehmen und Spitzenverdiener. Hinzu kam die fast konfiskatorische Besteuerung von Emigranten, insbesondere Juden, sowie ab 1938 eine Judenvermögensabgabe.[318]

Nach dem 2. Weltkrieg übernahmen die Besatzungsmächte das Steuersystem abgesehen von spezifisch nationalsozialistischen Elementen im Wesentlichen unverändert, erhöhten aber die Steuersätze extrem, bei der Einkommensteuer auf bis zu 95%, der Körperschaftsteuer 60%, der Erbschaftsteuer 60%. Um damit den Erwerbswillen nicht zu ersticken, wurden steuerliche Investitionsanreize eingeführt unter dem Motto „Wer investiert, zahlt weniger Steuern". Das führte zum sog. Wirtschaftswunder der 50er Jahre, und gleichzeitig auch zu einer Begünstigung der Kapitaleigner.[319]

Bis etwa zur Wiedervereinigung Deutschlands 1990 kann man kein besonderes Übergewicht der einen oder anderen Seite feststellen. Zwar gab es nach dem Regierungsantritt der Koalition aus SPD und FDP im Jahre 1969 in der SPD hochgradige Tendenzen, die Besteuerung für vermögende Personen und solche mit hohem Einkommen drastisch zu erhöhen unter dem Stichwort „Die Belastbarkeit der Wirtschaft erproben". Aber davon blieb in der Gesetzgebung relativ wenig, jedenfalls nichts Grundstürzendes übrig. Bis ca. 1990 kann man im Kampf um das Steuerrecht in Nachkriegs-Deutschland von einem „Unentschieden" sprechen. Das änderte sich mit dem Beginn der 90er Jahre.

[318] Für viele *Banken*, Hitlers Steuerstaat. Die Steuerpolitik im Dritten Reich (2018).

[319] *Muscheid*, Die Steuerpolitik in der Bundesrepublik Deutschland 1949–1982 (1986).

c) Die Entwicklung ab 1990[320]

Nach dem Zusammenbruch des europäischen Kommunismus 1989/90 begann in zahlreichen Industriestaaten eine steuerpolitische Entwicklung zu Steuersenkungen für Unternehmen und Unternehmer.[321] Auch Deutschland hat seine Steuern für Unternehmen, Hochverdiener und Vermögende in den letzten 30 Jahren abgesenkt, und zwar ganz unabhängig von den jeweils regierenden politischen Parteien. Die maßgebenden Steuersenkungen der letzten 30 Jahre waren:[322]

Der Spitzentarif der **Einkommensteuer** ist von 1989 bis heute wie folgt abgesenkt worden.

bis 1989	ab 1990	ab 2000	ab 2002	ab 2003	ab 2005	ab 2007
56%	53%	51%	48,5%	47%	42%	45%*
* für Einkommen über EUR 250.000 (Reichensteuer)						

Bis 2008 wurden Zinsen und Dividenden in gleicher Höhe mit Einkommensteuer belastet wie andere Einkünfte auch, etwa aus Gewerbetrieb, selbständiger Arbeit, nichtselbständiger Arbeit, Vermietung und Verpachtung. Ab 2009 gilt für Zinsen (mit Ausnahmen) die sog. **Abgeltungssteuer** mit einem proportionalen Steuersatz von 25%, also ohne Progression. Das gleiche gilt für Dividenden von Kapitalgesellschaften. Beide Arten von Einnahmen fallen schwerpunktmäßig bei den wohlhabenderen Bevölkerungsschichten an.

[320] *Bach*, Permanente Steuerreform: Steuerpolitische Leitbilder und Entwicklungstrends der vergangenen Jahrzehnte, APuZ 2017 S. 11; *Ders.*, 100 Jahre deutsches Steuersystem: Revolution und Evolution, StuW 2019 S. 105; *Buggeln*, Das Versprechen der Gleichheit (2022) S. 795.

[321] Vgl. z. B. *Scheve/Stasavage*, Taxing the Rich (2016) S. 57.

[322] Näher *Piltz*, Mehrheitsmacht und Minderheitenschutz in der Steuergesetzgebung, FS Haarmann (2015) S. 766.

Der Tarif der **Körperschaftsteuer** ist wie folgt abgesenkt worden:

bis 1989	ab 1990	ab 1994	ab 1999	ab 2001*	ab 2008
56%	50%	45%	40%	25%	15%
* Bedingt vergleichbar wegen Systemwechsel zum Halbeinkünfteverfahren.					

Die **Gewerbesteuer**belastung für gewerbliche Einzelunternehmer und Personengesellschaften ist ab 2001 im wirtschaftlichen Ergebnis (fast) weggefallen (rechtstechnisch durch Anrechnung der Gewerbesteuer auf die Einkommensteuer gem. § 35 EStG). Schon ab 1997 war die Gewerbekapitalsteuer weggefallen.

Die **Vermögensteuer** wird beginnend 1997 nicht mehr erhoben, weil das Bundesverfassungsgericht das Vermögensteuergesetz für mit dem Grundgesetz unvereinbar erklärt hatte und der Gesetzgeber kein verfassungsmäßiges Vermögensteuergesetz neu erlassen hatte. Die damalige Vermögensteuer betraf in Deutschland rund 700.000 Steuersubjekte, davon knapp 350.000 natürliche Personen, die „reichsten" Deutschen.

Die **Erbschaftsteuer** ist ab dem Jahr 1992 für unternehmerisches Vermögen in mehreren Stufen bis hin zu dem ErbStG 2016 auf nahezu null abgesenkt worden (unter Bedingungen).

Insgesamt lässt sich über die letzten 30 Jahre eine massive Steuerentlastung im Bereich hoher Einkommen und Vermögen feststellen. „Unternehmen und Anteilseigner können sich als die großen Gewinner der steuerlichen Reformpolitik der letzten 20 Jahre fühlen."[323]

Interessant ist, dass diese Steuerpolitik ganz unabhängig von der parteipolitischen Zusammensetzung der Regierung erfolgte. Ganz wesentliche Steueränderungen „zugunsten der Reichen" geschahen unter Mitregierung der SPD und der Grünen. Über die letzten 35 Jahre waren folgende Parteien in der Regierung:

[323] *Eichfelder*, Braucht Deutschland eine neue Unternehmenssteuerreform?, DStR 2018 S. 2397.

März 1987 bis Oktober 1998: CDU/CSU und FDP (Bundeskanzler *Helmut Kohl*)
Oktober 1998 bis Oktober 2005: SPD und Bündnis 90/Die Grünen (Bundeskanzler *Gerhard Schröder*), in welcher Zeit der Einkommensteuer-Spitzensatz am stärksten gesenkt wurde
November 2005 bis Oktober 2009: CDU/CSU und SPD (Bundeskanzlerin *Angela Merkel*)
Oktober 2009 bis Oktober 2013: CDU/CSU und FDP (Bundeskanzlerin *Angela Merkel*)
Oktober 2013 bis Oktober 2021: CDU/CSU und SPD (Bundeskanzlerin *Angela Merkel*).

d) Der gegenwärtige Stand

Welche Steuern in Deutschland im Jahre 2022 „demokratisch" oder „undemokratisch" im obigen Sinne sind, lässt sich nicht für alle Steuern einheitlich beantworten, sondern differiert.

„Demokratisch" im obigen Sinne ist die **Einkommensteuer.** Sie belastet eine relativ kleine Gruppe hoch und alle anderen niedrig oder gar nicht. Die Zahlen des Bundesfinanzministeriums für 2020 sind dazu wie folgt:[324]

	Gesamtbetrag der Einkünfte in %	**Einkommensteuer in %**
Obere 1% der Stpfl.	11,8	22,8
Obere 10% der Stpfl.	37	55,8
Obere 50% der Stpfl.	83,1	93,9
Untere 50% der Stpfl.	16,9	6,1
Untere 20% der Stpfl.	2,2	0,3

Die volle Wucht dieser Zahlen für unser Thema erschließt sich erst daraus, dass hier nur die Personen gezählt werden, die überhaupt

[324] BMF: Datensammlung zur Steuerpolitik 2022.

Einkommensteuer zahlen. Das sind 21,4 Mio. In Deutschland leben ca. 82 Mio. Menschen, davon sind ca. 62 Mio. wahlberechtigt. Die 10% Höchstverdiener, ca. 2,8 Mio. Steuerpflichtige, bringen mehr als die Hälfte der gesamten Einkommensteuer auf. Die oberen 50%, ca. 13 Mio. Steuerpflichtige, bringen 93,9% der gesamten Einkommensteuer auf, die unteren 50% nur 6,1%. Man muss das auf sich wirken lassen: Runde 13 Mio. Menschen (die Hälfte der Einkommensteuerzahler) erarbeiten fast die gesamte Einkommensteuer eines 82 Mio. Menschen Volkes! Nicht selten hört man zwar gegenteilige Äußerungen, dass die Hochverdiener keine Einkommensteuer zahlen, oder jedenfalls weniger als die Kleinverdiener. Aber das ist gelogen, um die die Zusammenhänge nicht kennenden Massenwähler zu täuschen. Ein Politiker, der tagein tagaus seinen Wählern erklärte, dass nur die Armen Steuern zahlen und die Reichen sich davor drücken, antwortete auf die Frage, ob er denn nicht wisse, dass es sich in Wirklichkeit umgekehrt verhalte, dass nämlich die untere Hälfte der Einkommensbezieher fast überhaupt keine Einkommensteuer zahlt, und die oberen zehn Prozent mehr als die Hälfte der gesamten Einkommensteuer: „Natürlich weiß ich das, aber meine Wähler wissen das nicht."

Die bis 1996 erhobene **Vermögensteuer** war „demokratisch" im obigen Sinne, d. h. dass sie nur von wenigen Menschen getragen wurde. Von allen damals in Deutschland lebenden Menschen zahlten sie ca. 350.000, runde 0,4%, die „Reichen".

Die **Erbschaftsteuer** ist von ihrem Grundmuster her auch „demokratisch". Denn sie erfasst auf Grund der Freibeträge für Ehegatten, Kinder und Enkel rund 95% aller Erbfälle nicht, sondern nur die 5% Erbfälle der Reichsten. Innerhalb dieser 5% ist sie „undemokratisch". Denn die allergrößten deutschen Vermögen, nämlich Unternehmen, werden von der Erbschaftsteuer (unter Bedingungen) wieder ausgenommen.

Die **Körperschaftsteuer** und **Gewerbesteuer** sind aus dieser Sicht „neutral": Sie scheinen nicht in das Bewusstsein der Bevölkerung vorzudringen, weil sie keine Menschen direkt betreffen.

Die Sätze der „undemokratischen" **Umsatzsteuer** haben sich wie folgt entwickelt (Regelsatz und ermäßigter Satz):

	ab 1968	**ab 1978**	**ab 1979**	**ab 1983**	**ab 1993**	**ab 1998**	**ab 2007**
USt in %	10/5	11/5,5	13/6,5	14/7	15/7	16/7	19/7

Bei anderen „massenaffinen" Verbrauchsteuern war die Entwicklung wie folgt:

Mineralölsteuer Cent pro Liter Benzin/Diesel*					
ab 1986	ab 1987	ab 1988	ab 1989	ab Jan. 1991	ab Juli 1991
23,52/ 22,93	24,03/ 22,93	24,54/ 22,93	29,14/ 22,93	30,68/ 22,93	41,93/ 28,12
ab 1994	ab 1999	ab 2000	ab 2001	ab 2002	ab 2003
50,11/ 31,7	53,17/ 34,77	56,24/ 37,84	59,31/ 40,9	62,38/ 43,97	65,45/ 47,04
* Ab 2006 Energiesteuer					

Die **Grunderwerbsteuer,** die auch jeden „Häuslebauer" trifft, betrug seit der Reform 1983 bis 1996 in Deutschland einheitlich 2% (vom Kaufpreis), ab 1997 dann 3,5% (lt. Gesetzesbegründung, um den Wegfall der Vermögensteuer auszugleichen). Ab 2007 setzen die Länder den Satz fest, wovon z.B. Berlin wie folgt Gebrauch gemacht hat: ab 2007 4,5%, ab 2012 5%, ab 2014 6%. Die höchsten Sätze haben Brandenburg und Nordrhein-Westfalen, beide ab 2015 mit 6,5%. Bei 3,5% sind nur Bayern und Sachsen geblieben.

Volkswirtschaftlich auffallend ist, dass die (partiellen) Steuersenkungen im oberen Einkommens- und Vermögenssegment das Gesamtsteueraufkommen nicht gemindert haben, das sich seit 1990 wie folgt entwickelt hat (in Mrd. EUR):

1990	1995	2000	2005
289,9	416,3	467,2	452,1
2010	**2015**	**2020**	
530,5	673,2	739,7	

Der Schluss liegt nahe, dass die Steuersenkungen im oberen Segment die Gesamtwohlfahrt gestärkt haben, der trickle down effect also gewirkt hat.

Dieses Gesamtsystem erbringt genug, zT reichlich Aufkommen für die Erfüllung der Staatsaufgaben. Die Bevölkerung hat sich damit – trotz des üblichen „Meckerns“ – arrangiert; einen echten Steuerwiderstand gibt es nicht. Es ist deshalb nachvollziehbar, dass es bei den politischen Entscheidern keine Bestrebungen gibt, daran grundlegendes zu ändern. Jeglicher Gedanke an eine „Große Steuerreform“ ist schon lange abhandengekommen. Der Steuerreformeuphorie der ca. 20 Jahre 1990 – 2011 folgte eine solche der Steuerreformapathie, die bis heute anhält. An den „großen Wurf“ denkt niemand mehr.[325] Die Wissenschaft fordert allenfalls noch – wenn auch sehr zu Recht – Vereinfachungen.[326] Die Politik hat auf stumm geschaltet. Die beiden Ausnahmen – das internationale Unternehmenssteuerrecht und die Erbschaftsteuer 2009 und 2016 – beruhten auf überstaatlichen Entwicklungen (EU, OECD etc.) und dem Zwang des Bundesverfassungsgerichts. Es spricht viel dafür, dass sich daran so bald nichts ändern wird.

[325] Déjà vu? Vor gut 100 Jahren erklärte der Reichstagsabgeordnete Graf *Posadowsky* in der Debatte der Nationalversammlung zu den Steuergesetzentwürfen von *Matthias Erzberger*, die heute als die „größte Steuerreform“ der deutschen Geschichte gerühmt werden: „Bekanntlich ist bei jeder Finanzreform, die wir im Reiche gemacht haben, erklärt worden: jetzt kommt aber die große Lösung, die Patentlösung der Reichsfinanzen, jetzt werden einmal die Reichsfinanzen systematisch aufgebaut werden. Und was war das Ende vom Liede? Es waren Täuschungen, und es mussten Täuschungen sein aus dem einfachen Grunde, weil eine solche klare Patentlösung in einem Bundesstaate nicht möglich ist.“ Stenographische Berichte über die Verhandlungen der Deutschen Nationalversammlung - 52. Sitzung am 9. Juli 1919 S. 1428.

[326] *Seer*, Steuervereinfachung – Postulat des Rechts, BB 2021 S. 1433; *Kirchhof*, Steuervereinfachung – Schritt für Schritt, DStR 2021 S. 2761.

Dank

Für Gespräche zum Thema und die Durchsicht des Manuskripts danke ich einer Reihe von Frauen und Männern, die in der Steuergesetzgebung in verschiedenen Funktionen aktiv waren: Mitglied des Bundestages; parlamentarischer Staatssekretär; stellvertretender Vorsitzender Bundestagsausschuss; Mitglied Normenkontrollrat; Abteilungsleiter Bundesministerium; Abteilungsleiter Landesministerium; Referatsleiter Bundesministerium; Steuerreferent Bundespartei; Geschäftsführer, Generalsekretär, Abteilungsleiter, Dezernenten mehrerer Verbände; Professor für Staats- und Steuerrecht; Kollegen aus der Beratung und weitere. Sie haben mir wertvolle Hinweise gegeben, Lücken gefüllt und Fehler bemerkt, Zungenschläge korrigiert und die Neugier beflügelt. Selbstredend verbleiben alle Fehler und Mängel in der Verantwortung des Autors.